KB081713

나의 첫 죽음학 수업

나의 첫 죽음학 수업

1판 1쇄 발행   2021년 12월 17일
1판 2쇄 발행   2024년 7월 8일

지은이   문현공

펴낸곳   책과이음
대표전화   0505-099-0411
팩스   0505-099-0826
이메일   bookconnector@naver.com
출판등록   2018년 1월 11일 제395-2018-000010호

홈페이지   https://bookconnector.modoo.at/
페이스북   /bookconnector
블로그   /bookconnector
유튜브   @bookconnector
인스타그램   @book_connector

ⓒ 문현공, 2021

책값은 뒤표지에 있습니다.
잘못 만들어진 책은 구입하신 서점에서 교환해드립니다.
이 도서는 한국출판문화산업진흥원의
'2021년 출판콘텐츠 창작 지원 사업'의 일환으로
국민체육진흥기금을 지원받아 제작되었습니다.

ISBN 979-11-90365-26-0 03100

책과이음 : 책과 사람을 잇습니다!

나의 첫 죽음학 수업

다가올 죽음 앞에서
지금 여기를 바라보는
삶의 지혜

문현공 지음

책과이음

죽음이라는 그림자

대학에서 저는 죽음에 대해 가르칩니다. 죽는다는 것이 무엇인지 알고, 언젠가 다가올 죽음에 어떻게 대비해야 할지 토론하며, 죽음을 통해 지금 여기에서 펼쳐지는 삶의 의미를 들여다보는 것이 제 강의의 목적입니다. 그러나 그렇다고 해서 저 자신이 죽음을 초탈한 사람이라고 묻는다면 부끄럽게도 자신 있게 그렇다고 말할 수는 없는 노릇입니다. 저 또한 여러분처럼 죽음이 두렵고, 또한 오늘 나에게 주어진 하루의 진정한 의미를 깨어 있는 마음으로 알아차리기 어렵습니다.

어느 날 교양 강의가 끝난 뒤, 학생들과 개별 면담을 하느라 정신

없던 시간이 지나가고 겨우 틈이 났을 때 휴대전화가 울렸습니다. 통화 버튼을 누르자마자 전화기 너머로 화가 잔뜩 난 목소리가 들려왔습니다. "뭐 하느라고 이렇게 전화를 안 받니?"

어머니였습니다. 어머니는 저를 포함한 다른 가족이 혹시라도 전화를 받지 못할 때면 이유 불문하고 언성을 높이곤 합니다. 때로는 다 큰 자식이 직장에서 일하느라 전화를 못 받은 것이거니 너그럽게 이해해주면 좋겠다는 마음이 들지만 어쩔 수 없습니다. 어머니의 유별난 반응은 어느 날 가족에게 갑자기 찾아온 사건과 관련이 있기 때문입니다.

대학교 2학년 무렵, 아버지와 함께 마당에 나가서 가지 치는 작업을 하고 있을 때였습니다. 갑자기 어머니가 부엌에서 큰 소리로 오열했습니다. 놀란 마음에 달려가 왜 그러냐고 물어보니, 어머니는 "정선이가 죽었대⋯⋯"라는 말을 내뱉으며 주저앉고 말았습니다. "네? 막내 이모요?" 말문이 막힌 저는 어머니를 일으킬 새도 없이 어찌할 바 없는 황망한 기분에 사로잡히고 말았습니다.

제게는 이모가 여러 명 있는데 특히 어머니는 막내 이모와 친했습니다. 두 분은 자주 만나서 세상살이의 고달픔을 나누고 서로

나의 첫 죽음학 수업

위안이 되어주던 사이였습니다. 저도 불과 얼마 전 막내 이모를 만나 이런저런 이야기를 했는데…… 제 기억 속에서 밝게 웃던 막내 이모의 모습은 너무도 갑작스럽게 장례식장의 영정 사진 속 모습으로 바뀌어버렸습니다.

어머니는 막내 이모가 죽던 그날, 이모에게 전화를 여러 번 걸었는데 웬일인지 연결이 되지 않았다고 했습니다. 설마 했는데, 경찰의 조사 결과 그날 식당에서 일하다 갑작스러운 가스 누출 사고로 목숨을 잃은 것으로 밝혀졌습니다. 당연히 어머니의 전화도 받지 못했고 말이죠. 어머니는 그날 이후 가족이 전화를 받지 않으면 대뜸 화부터 내곤 합니다. 이모의 죽음 이후 이미 오랜 시간이 지났지만 여전히 그날의 충격이 가슴속에서 사라지지 않는 것입니다.

병원에서 진단을 받거나 사고를 당해 언제 죽을지 아는 경우도 있지만 사실 죽음이란 급작스럽게 찾아옵니다. 우리는 몇 개월 뒤에 죽을 수도, 며칠 뒤에 죽을 수도 있습니다. 여행을 가다 죽을 수도, 길을 건너다 죽을 수도, 잠을 자다가 죽을 수도 있죠. 실로 죽음이란 예상치 못하게 불현듯 찾아옵니다. 우리가 거의 매일 인터넷에서 기사로 접하는 누군가의 죽음, 기사나 영화, 드라마에 나오는 죽음은 실은 나와는 전혀 상관없는 이야기가 아니라, 우리 자신과 사랑하는 이에게 언젠가 반드시 찾아올 실체입니다.

그런데도 우리는 평소 죽음에 대해, 그리고 죽음을 맞이하는 자세에 대해 심각하게 고민하거나 배우려 하지 않습니다. 죽음은 슬픔과 두려움의 대상이 되어 철저하게 억압되고 감추어집니다. 임종이 임박한 환자들을 대상으로 한 죽음 교육 또한 찾기 힘들며, 호스피스 시설이나 중환자실의 말기 환자들을 대상으로 완화치료palliative care를 시행하는 데 초점을 맞출 뿐입니다. 비유해서 말하자면 발병의 근본 원인이 아니라 겉으로 드러난 증상을 찾아 다스리는 데 그치는 격이죠. 누구나 맞이할 삶의 마지막 단계에 대한 교육과 대비가 충분하지 않다는 현실은 한 번쯤 짚어볼 필요가 있습니다.

뒤에서 좀 더 자세히 말하겠지만 죽음이란 탄생과 동등한 값어치와 무게를 지니고 있는 자연의 일부입니다. 하나의 삶이 시작되자마자 죽음 또한 시작되며, 동시에 죽음이 언제 우리에게 찾아오는지 예측하기란 결단코 예측 불가능합니다. 우리는 지금으로부터 단 몇 초 뒤에 죽을 수도 있습니다. 여러분이 이 책을 집어 들고 페이지를 넘기고 있는 지금 이 순간도 예외는 아닙니다.

미리 예측하고 대비했다면 어느 정도 여유 있게 대처할 가능성이라도 있겠지요. 하지만 살아가면서 예측하지 못한 사건이 돌발할 때는 그럴 수 없습니다. 어머니가 갑작스러운 이모의 죽음에 놀라 오열한 것도 이모가 갑자기 죽을 줄은 꿈에도 생각지 못했기 때문입니다.

사람들은 자신이 보고 싶어 하는 것을 보는 경향이 있습니다. 그러나 슬픔과 기쁨이 그렇듯 빛과 그림자는 늘 함께하고, 태어남과 죽음도 마찬가지입니다. 그러므로 우리는 지금 이 순간을 살면서 다음과 같은 사실을 외면하지 말아야 합니다. '죽음은 떼어낼 수 없는 그림자처럼 언제 어디에서나 나 자신과 사랑하는 이들의 뒤를 따라다닌다'는 단 하나의 진실 말입니다.

이 책은 제가 대학 강의에서 다루는 내용과 함께 일상에서 떠올리는 소소한 단상을 녹여내 묶은 것입니다. 죽음은 언뜻 거창한 것 같지만, 오늘도 어딘가에서 일어나고 있는 일상의 경험이기도 합니다. 이 책이 어느 날 갑자기 찾아온 커다란 우울감과 상실감에 사로잡혀 힘들어하는 모든 이에게 작은 도움이 될 수 있다면 더할 나위 없겠습니다.

차 례

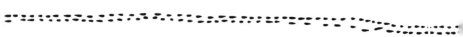

"살기 위해 잠자는 영혼으로 돌아가기보다는
깨어 있는 영혼으로 죽음에 이르겠다."

-소크라테스

죽음이란 무엇인가

인간은 삶에서 두 번, 판사가 아닌 의사에게 선고를 받는다고 합니다. 병원 분만실에서 지금 한 생명이 탄생하고 있다고 가정해보죠. 출산이 진행되고 태아가 모체 밖으로 나온 뒤, 의사와 보호자는 아이의 신체를 살펴봅니다. 이상이 없으면, "○○○○년 ○월 ○일 ○시 ○분, ○○○가 탄생했습니다"라는 출생 선고가 내려집니다.

출생 선고를 받은 아이는 이후 얼마간 자신의 수명대로 삶을 이어가다가 다시 한 번 심판대 앞에 섭니다. 바로 생명이 사그라지는 순간입니다. 그 이유가 어찌 되었든, 아이는 자라서 성인이 되고 노인이 되어 다시 자신이 태어난 병원 응급실로 실려 옵니다.

다급한 의료진이 서둘러 심폐소생술을 실시하며 최선을 다해보지만 결국 따뜻한 피를 순환시켜 생존을 가능케 하던 심장이 멎습니다. '삐…… 삐…… 삐…… 삐…… 삐이이…….' 얼마 후 심전도 electrocardiograph 소리가 일정한 높이의 음을 유지합니다. 의료진이 다급히 심폐소생술을 실시해보지만 한번 멈춘 심장은 다시 뛰지 않습니다. 심장박동이 돌아오지 않으면 한 인간의 삶에 "○○○○년 ○월 ○일 ○시 ○분, ○○○ 님께서 사망하셨습니다"라는 마지막 선고가 내려집니다. 우리가 이 책에서 죽음의 정의를 생각해보는 것은 이 마지막 선고가 어떤 과정을 통해 내려지는지 알아보는 일입니다.

과연 죽음이란 무엇일까요. 죽음의 사전적 정의는 '생물의 생명이 끝난 현상'입니다. 생물은 모두 알다시피 동물, 식물, 미생물 등을 말합니다. 그러면 생명이란 무슨 뜻일까요. '생生'이라는 글자에는 '탄생'과 '살아감'의 뜻이 함께 있습니다. 또한 '명命'은 '수명'을 말하는데, 이것은 '살아 있는 기간'을 의미합니다. 이 둘을 조합해보면 생명이란 '어느 기간에 태어나서 살아가는 존재'를 일컫는다는 사실을 알 수 있습니다. 따라서 죽음의 사전적 정의인 '생물의 생명이 끝난 현상'은 '한 생명이 태어나 살다가 그 기간이 끝난 것'입니다. 이것이 바로 죽음입니다. 이렇게 보면 죽음의 정의에서 중요한 것은 기간, 즉 '삶이 지속되는 시간'임을 알수 있습니다.

죽음이 생명의 기간과 밀접한 연관을 맺고 있다는 사실은 놀라운 일입니다. 살아 있는 모든 것에는 시작과 끝이 있습니다. 그 기간은 저마다 다르지만 모든 생명은 언젠가 다가올 죽음을 피할 수 없습니다. 다시 말해 우리가 살아 있는 순간순간이 언젠가 다가올 죽음과 같다고 해도 과언이 아니죠.

오늘날 우리는 의학의 눈부신 발전 덕분에 놀라운 기대수명을 누리며 살아가고 있습니다. 그렇다면 의학에서는 어떻게 죽음을 정의할까요? 죽음의 의학적 정의는 심폐사, 뇌사, 세포사의 세 가지로 나뉩니다. 심폐사는 말 그대로 심장과 폐의 기능이 정지한 것이며, 뇌사는 뇌기능이 멈춘 것을 말합니다. 세포사는 인체를 구성하는 기본 물질인 세포의 죽음을 뜻하는데, 인체의 주요 장기, 즉 심장, 폐, 뇌 등의 기능이 정지해 생명활동이 중지되고 이후 세포들이 죽음에 이른 상태입니다. 심장이나 폐가 멈추었다고 즉시 모든 세포가 사망하는 것이 아니기에 사망 판정 이후 각막 같은 일부 장기의 이식이 가능해집니다.

여기서 우리가 주목할 부분은 심폐사와 뇌사입니다. 동서양을 막론하고 죽음은 과거부터 지금까지 호흡과 심장박동의 정지 여부로 결정되었습니다. 심폐 기능이 멈추면 맥박, 혈류, 숨이 멎고, 이후 모든 생체기관의 정지가 뒤따르기 때문입니다. 그런데 과거 주로 자발적인 호흡의 여부만이 죽음을 판단하는 기준이었다면, 18세기 말 그 기준에 따라 사망 판정을 내렸던 사람이 살아난 경우가 의학계에 보고되면서, 완전한 사망 판정을 내리기 전까지 일정한 시간을 두고 관찰해야 할 필요성이 생겼습니다.

그렇다면 죽음을 판정하는 데 있어 '호흡 정지'와 '심장 정지' 중 어떤 것이 우선일까요? 이런 문제는 과거에 심각한 고민거리가 아닐 수 없었습니다. 19세기에 서양에서 소아마비가 유행하면서 아이들이 숨을 쉬지 못해 죽어갔는데, 이를 계기로 인공호흡기가 발명되었습니다. 그러자 스스로 호흡하지 못하더라도 기계를 통한 호흡 유지가 가능해졌습니다. 자발적인 호흡이 불가능해도 기계를 통해 호흡을 할 수 있으니 자연스럽게 심장 정지가 사망을 판별하는 주요 기준이 되었음을 짐작할 수 있습니다.

그러면 이런 상황 덕분에 사망 여부를 판단하는 문제가 더 간단해졌을까요? 그렇지 않습니다. 우리의 기대와 달리 인공호흡기의 발명은 '뇌사'라는 새로운 죽음의 기준을 만들어버렸습니다.

뇌는 심장, 폐 등 인체의 모든 장기를 조절하는 '컨트롤 타워' 역할을 합니다. 이 때문에 보통 뇌의 모든 조직이 파괴되면 자연스럽게 호흡과 심장박동의 정지로 이어지고 결국 심폐사하게 됩니다. 그러나 과학기술이 발달해 인공호흡기 같은 생명유지 장치가 개발되면서 뇌사라는 또 다른 죽음 정의 기준이 나타나버린 것입니다.

뇌가 죽으면 인간은 중요한 두 가지 기능을 상실합니다. 첫째는 소뇌와 뇌간에서 수행되는(호흡, 맥박 등을 지속시키는) '생명 유지 기능' 상실이고, 둘째는 대뇌피질에서 수행되는(사고나 감각을 가능하게 하는) '정신적 기능' 상실입니다. 생존에서 중요한 것은 특히 뇌간에서 수행하는 자율적인 생명 유지 기능입니다.

분명히 잠을 자다가 갑자기 벌떡 일어나서 "어이쿠, 숨 쉬는 것을 깜박했네"라고 말하는 사람은 없을 것입니다. 또는 한동안 심장박동을 멈추고 있다가 문득 정신을 차리고 나서 '아, 맞다. 심장을 뛰게 해야지'라고 마음먹지는 않습니다. 즉 뇌는 우리가 의식하지 않은 상태에서도 호흡하고 심장을 뛰게 하는데, 뇌사는 이러한 기능이 중지된 상태입니다. 영화에서 의사가 사망 여부를 확인하려고 눈꺼풀을 들어 불빛을 비추는 장면을 본 적 있을 겁니다. 뇌기능 정지가 일어나면 자율적인 동공 반사 반응이 없어집니다. 영화 속 장면은 뇌사로 죽음이 확정되었음을 상징하는 표지입니다. 정리하자면 호흡과 심장박동, 뇌반사 정지가 불가역不可逆적인 경우를 의학적으로 사망했다고 정의한다는 사실을 알 수 있습니다.

그런데 한편으로 이런 식의 정의에는 왠지 모를 위험성이 숨어 있는 듯합니다. 자연환경은 역동적으로 변하고 있고 자연법칙의 원리를 분석해 제시하고 규정하는 과학도 시대가 흐르면서 수정되어왔습니다. 아직 인간이 밝혀내지 못한 자연의 비밀도 많습니다. 따라서 의과학적으로 죽음을 규정하는 기준 또한 변화함을 부정할 수 없습니다. 최근 들어서는 '뇌 이식' 수술을 둘러싼 논의도 있지요.

인간 뇌 이식 가능성을 줄기차게 주장해온 이탈리아의 세르지오 카나베로Sergio Canavero 교수는 2017년, 세계 최초로 인간 뇌 이식 수술에 성공했다고 발표했습니다. 비록 죽은 시신을 대상으로 이뤄진 수술이었지만 조만간 살아 있는 인간을 대상으로 성공할 수도 있다고 주장해 많은 주목을 끌었지요. 그렇다면 신체활동이 멈춘 나의 몸에서 뇌를 따로 떼어내 다른 몸에 이식하는 일도 가능하다는 뜻이 됩니다.

만약 그런 수술이 흔해진다면 그때의 '내'가 '나'일 수 있을까요? 뇌과학이 꿈꾸는 미래는 과거 어떤 기술보다 우리 삶을 변화시킬 것이라는 기대를 품게 만들지만 이것이 미칠 윤리적, 사회적 파장은 엄청날 것입니다. 아마 그때가 되면 지금 우리가 말하는 죽음은 더 이상 죽음이 아니게 될지도 모르는 일입니다.

후회 뒤에 오는 것들

"너는 돌 때 실을 잡았는데, 명주실을 새로 사서 놓을 것을, 쓰던 걸 놓아서 이리되었을까. 엄마가 다 늙어 너를 낳아서 배 속에 오래 품지도 못하고 빨리 낳았어. 한 달이라도 더 품었으면 사주가 바뀌어 네가 살았을까. 엄마는 모든 걸 잘못한 죄인이다. 몇 푼 벌어보겠다고 일하느라 마지막 전화 못 받아서 미안해. 엄마가 부자가 아니라서 미안해. 없는 집에 너같이 예쁜 애를 태어나게 해서 미안해. 엄마가 지옥 갈게. 우리 딸은 천국에 가."

―세월호 안산 합동 분향소에 쓴 어느 어머니의 편지

돈 버느라 자식의 마지막 전화를 받지 못한 어머니의 후회를, 자식을 먼저 보낸 부모의 후회를, 저로서는 감히 헤아릴 수 없습니다. 누군가를 떠나보낸다는 건 언제나 힘든 일이지만 그중에서도 자식을 잃은 슬픔은 참으로 비할 바 없는 괴로움일 겁니다. 오죽 하면 자식을 잃는 순간 이미 그 부모도 함께 죽은 것이라는 말이 있을까요.

그러나 한 가지 확실한 사실은 누구나 살면서 후회를 한다는 것입니다. 살아가면서 한 번도 후회하지 않는 사람은 결코 없을 것입니다. 그리고 그중에서도 가장 많은 부분을 차지하는 것은 아마도 나 자신의 실수나 게으름에 대한 후회일 테죠.

많은 사람이 새해가 되면 공부, 금연, 독서, 운동, 다이어트 따위의 나름 거창한 목표를 세웁니다. 그런데 그렇게 하루 정도 열의를 불태우다가도 문득 이런 생각이 듭니다. '휴. 힘드네. 내일부터 본격적으로 하자. 오늘은 연습이라 생각하고.' 그러다 며칠이 지나면 은근슬쩍 다른 맘이 생깁니다. '진짜 다음 달부터 하자. 계획은 월초부터 새로운 마음으로 실천하는 거지!' 그리고 다시 얼마 뒤, '그래 설날이 진짜 새해지. 설 지나고 꼭 제대로 해보자!' 하고 마음먹습니다. 새해 결심은 어느덧 3월, 4월을 넘어 결국 연말까지 넘어갑니다. 다시 또 새해가 밝아오면 새로운 계획을 세우고 어김없이 실천을 하루 이틀 미룹니다.

그렇게 시간이 흘러갑니다. 점점 나이가 들어가면서부터는 어느 순간, 인생이 계획한 대로 되지 않음을 어렴풋이 느끼게 됩니다. 작은 후회가 뭉쳐 돌이킬 수 없는 큰 후회가 되어가는 것입니다.

저도 마찬가지였습니다. 시험공부는 언제나 닥쳐서야 했습니다. 스트레스를 받으며 벼락치기로 공부할 땐 다음부터는 미리 계획하고 차근차근 해야지 하고 결심하지만 결국 또 시험 때가 되면 벼락치기를 하고 있었습니다. '진짜 다음부터는……'이라고 생각만 할 뿐 늘 같은 패턴을 반복했습니다. 학창 시절 공부하면서 영어 숙어 외우기가 참 힘들었는데, 'should have pp(~해야 했는데)'만큼은 유독 쉽게 외웠습니다. 어쩌면 제 인생이 그렇게 많은 후회로 가득 찰 거라는 암시였는지도 모르겠습니다. 솔직히 아직까지도 계획을 미루고 스스로 변명하는 습성에서 자유롭지 않습니다.

후회란 무엇일까요. 후회後悔는 과거後를 뉘우친다悔는 뜻입니다. 한자 '회悔'를 좀 더 자세히 살펴보죠. 이 글자는 '마음'을 뜻하는 심방변忄과 '매번'을 뜻하는 매每 자로 이루어져 있습니다. '매번 뒤(과거)에 마음이 간다'라는 뜻입니다.

생각해봅시다. 미래를 후회할 수 있을까요? 불가능합니다. 후회

라는 말에 이미 '뒤(과거)'가 포함되어 있는 까닭입니다. 그러므로 후회의 대상은 반드시 과거입니다. 반드시 지나고 나서야 그 모습을 드러내는 것입니다.

사실 후회가 일어나는 과정에는 여러 가지 정신적 기능이 복합적으로 얽혀 있습니다. 후회는 사후가정사고counterfactual thinking라고도 합니다. 즉 어떤 일이 끝난 후, 이미 지나간 일에 대해 '~했다면 ~했을 텐데'라고 가정하는 것입니다. 만약 그때 다르게 행동했다면 지금 상황이 더 나아질 수 있었다는 막연한 상상과 함께, 긍정적이지 않은 감정을 동반하는 현상이 나타납니다. 따라서 후회는 과거와 현재의 '비교'라는 인지 과정(지각과 사고작용)과 과거의 행동에 대한 정서(감정 또는 기분)작용으로 이루어져 있습니다.

사후가정사고는 다시 '상향적 사후가정사고'와 '하향적 사후가정사고'로 나뉩니다. '상향적 사고'는 일어났던 상황을 더 좋은 상황으로 가정해 상상하는 것입니다. '내가 열심히 공부했으면 더 좋은 대학에 가서 성공했을 텐데' '내가 그때 억지로 병원에 모시고 갔다면 더 오래 사셨을 텐데' 등이 대표적인 예입니다. '하향적 사고'는 이와 반대입니다. '이 정도라 다행이지. 큰일 날 뻔했다'라고 위안하며, 일어난 일이 더 나쁠 수 있었다고 가정하는 식입니다.

한마디로 상향적 사후가정사고는 부정적인 생각, 하향적 사후가정사고는 긍정적인 생각을 뜻합니다.

코넬대학교 심리학과 교수인 토마스 길로비치Thomas Gilovich는 "후회의 대상은 '행동한 것'과 '행동하지 않은 것'으로 구분되며, 사람들은 일반적으로 행동한 것보다는 행동하지 않은 것에 대해 더 많이 후회했다"라고 말했습니다.

저는 몇 년 전 한 중학교에서 중학생들을 대상으로 죽음에 관해 교육한 적이 있습니다. 학생들에게 '죽음'을 가정해보라고 주문한 뒤에 엔딩노트(일종의 유서입니다) 작성을 과제로 내주었습니다. 학생들은 과연 마지막 순간에 무엇을 하고 싶어 했을까요? 학생들이 작성한 내용을 분석해보니 '만약 내 삶이 얼마 남지 않았다면 가족과 함께 남은 시간을 보내겠다'라는 응답이 36.3퍼센트로 가장 많았고, '가족과 함께 여행을 가겠다'가 25퍼센트로 그 뒤를 이었습니다.

엔딩노트를 작성한 학생들은 미처 몰랐겠지만, 실제로 많은 말기 환자가 건강했을 때 가족과 여행을 많이 가보지 못한 것을 후회했습니다. 죽음을 '가정'한 학생들이 소망한 내용이, 실제로 죽음

나의 첫 죽음학 수업

을 앞둔 이들이 토로하는 후회와 유사했다는 점은 흥미롭습니다 (이는 죽음과 여행이 심리적으로 어떤 연관성이 있지 않을까 추측하게 하는 대목입니다).

그렇다면 실제로 죽음을 눈앞에 둔 사람들은 어떨까요? 호스피스 전문의인 오츠 슈이치大津秀一는《죽을 때 후회하는 스물다섯 가지》에서 말기 환자 가운데 거의 대부분이 죽음의 문턱에서 후회를 했다고 말합니다. 하지만 말기 환자라고 해서 뭔가 거창하거나 특별한 후회를 하는 건 아닙니다. 그저 '살아 있을 때 사랑하는 사람들에게 고맙다는 말을 했더라면' '사랑하는 사람과 함께 여행을 가보았더라면' 같은 일상적인 후회가 대부분입니다. 앞서 학생들이 엔딩노트에 적은 소망과 그리 다르지 않은 것입니다.

물론 그 바람이나 소망을 실천하는 것은 또 다른 문제입니다. 일반적으로 저를 포함한 많은 사람이 사랑하는 이에게 '사랑한다'고 표현하길 어려워합니다. 꼭 사랑하는 사람을 보내고 나서야, '사랑한다 말할걸. 미안하다 말할걸……' 하는 후회가 생기는 것입니다. 그러나 임종이 가까워졌을 때 대화를 나눌 수 있는 사람은 극히 드뭅니다. 신체가 이미 말을 내뱉기 힘든 상태에 이르렀기 때문입니다. 드라마처럼 마지막 순간까지 말할 수 있는 상황은 환상에서나 가능할 뿐이지요.

가족들과 제대로 여행을 가본 적이 없던 제가 몇 해 전 부모님과
함께 여행을 떠나기로 결심한 것은 아마도 학생들이 작성한 엔딩
노트가 마음 한구석에 자리 잡고 있었기 때문일 것입니다. 부모
님이 돌아가시면 저에게 큰 후회를 남길지도 모른다고 생각했습
니다.

그러나 두 분 모두 지병이 있고 바쁘게 생활하는 터라 일정을 맞
추기 어려웠습니다. 실제로 여행을 떠나기까지는 거의 3년이라
는 시간이 걸렸습니다. 어렵사리 준비를 마치고 가까운 일본으로
부모님을 모시고 갔습니다. 그전까지 두 분 모두 한 번도 해외에
나가본 적이 없었습니다.

그런데 막상 여행을 가보니 두 분의 몸 상태는 제가 알고 있던 것
보다 더 좋지 않았습니다. 거기에 더해 어설프게 짠 여행 계획이
매번 발목을 잡았습니다. 교토는 아름다운 풍경을 뽐내고 있었지
만, 관광을 하는 내내 아버지는 숨차 하셨고 피곤에 전 어머니의
얼굴은 수시로 어두워졌습니다. 일본의 유명한 코스 요리인 가이
세키를 꼭 먹어보리라 다짐했지만, 찾아가려던 가게 앞에 가보니

대기하는 줄이 너무나 길었습니다. 절로 찡그려지는 부모님의 얼굴을 흘끗 본 저는 근처의 라멘 가게로 발길을 돌릴 수밖에 없었습니다. 차를 한잔하며 잠깐 다리를 쉬다가 다시 계획한 여행 코스를 재촉했지만 가는 곳마다 관광객으로 문전성시였고, 유명한 관광 포인트는 잠깐 멈춰 사진을 찍는 것만도 어려웠습니다. 첫날 오사카 시내를 거쳐 숙소로 돌아오는 강행군이 끝나자 부모님은 그제야 살겠다며 서둘러 침실로 들어가셨습니다. 다음 날도, 그다음 날도 비슷한 모습이 연출됐지요.

여행이 끝나고 집에 돌아온 뒤 그곳에서 찍은 사진을 넘겨보았습니다. 어째서인지 이국적인 풍경을 즐기며 행복해하는 부모님의 표정보다는 힘들어하시는 모습만 유독 눈에 들어왔습니다. '아, 내가 부모님을 너무 늦게 모시고 갔구나'란 생각이 들었습니다. 씁쓸하고 우울한 기분이 쉽게 사라지지 않았습니다. "나무는 고요히 있고자 하지만 바람이 멈추지 않고, 자식이 부모를 봉양하고자 하지만 부모는 기다려주지 않는다"라는 말이 있지요. 어느덧 저도 언제 찾아올지 모를 이별을 준비해야 할 때를 맞이하고 있는 것입니다.

마지막으로 한 가지 강조하고 싶은 점은, 후회에는 부정적 측면과 함께 긍정적 측면이 있다는 사실입니다. 후회는 실패나 좌절감을 느끼게 하기 때문에 우울증 유발, 삶의 만족도 저하 등 행복감을 감소시킵니다. 이와 반대로 후회를 통해 실패했던 일을 극복해보려는 의지가 일어난다는 점은 긍정적인 효과입니다. 이것이 삶을 변화시키는 동기가 되기 때문입니다.

후회는 반드시 지금이 지나고 난 뒤에야 그 모습을 드러냅니다. 그러므로 사실상 문제 해결의 열쇠는 '지금'에 있습니다. 후회를 남기고 싶지 않으면 지금 과거의 일을 후회하면서 시간과 감정을 낭비하고 있지는 않은지, 그리고 여러 번 했던 후회를 '지금 또 만들고' 있지는 않은지 우리 자신에게 묻고 또 물어야 합니다.

오츠 슈이치는 "살아 있을 때 죽음의 문제를 진지하게 생각하지 않고 마지막 순간을 맞이한 사람들은 굉장히 괴로워했다"라고 말합니다. 어떤 상황이 불안하고 두려운 것은 어쩌면 그것이 베일에 가려져 정체를 알 수 없기 때문인지 모릅니다. 종종 어떤 사건이 닥치기 전에 미리 예상하고 준비해놓으면 그게 걱정했던 만큼 우려할 일이 아니었음을 깨달을 때가 있습니다. 사랑하는 이의 죽음, 혹은 나 자신의 죽음 또한 그렇지 않을까요. 만약 이런 생각에 이른다면 독자 여러분은 비로소 이 죽음학 수업을 제대로 받아들일 준비가 된 것입니다.

병상에 누운 다음이 아니라 건강할 때 종종 삶과 죽음의 의미를 고민하고, 지금 여러분 곁에 있는 사람들에게 따뜻한 눈빛과 위로를 전할 수 있다면 어떨까요. 의미 없이 반복되는 매일이지만 분명히 오늘은 어제와 달리 새로운 기분이 들고, 나에게 죽음이 다가왔을 때 조금은 더 침착하게 맞이할 수 있지 않을까요. 기왕의 후회는 어쩔 수 없더라도, 앞으로의 후회는 역시 적을수록 좋은 것입니다.

너의 죽음과 나의 죽음

여기저기서 흘러나오는 뉴스를 보면 그런대로 평온했던 마음이 착잡해지기 일쑤입니다. 우리나라는 물론 세계 도처에서 무수한 사망 소식이 마구잡이로 쏟아집니다.

'고교생 등 459명 탄 여객선 침몰…… 293명 생사불명' '사이클론에 모잠비크, 미국 중서부 등지 사망자 1,000명 이상' '뉴질랜드 총격 테러 사망자 수 50명으로 늘어' '수면 방해한다고 4살 여아 폭행 사망케 한 중학생 체포' '음주사고 뒤 방치…… 전역 두 달 앞둔 군인, 안타까운 사망' '군인 아들 면회 후 가족 4명 및 연인 사망'…….

인재人災, 자연재해, 전쟁, 테러 등으로 인해 한 번에 많은 사람이 사망한 경우도 있고 사고, 범죄와 자살 등으로 개인이나 가족이 사망한 경우도 많습니다. 또 그중에는 '그럴 만했네'라고 느껴지는 죽음이 있는가 하면, 너무나 안타깝고 황당한 죽음도 많지요.

대개 죽음은 비극적인 분위기를 자아냅니다. 하지만 그런 죽음을 대하는 우리의 태도는 어떨까요. 기껏해야 가벼운 안타까움을 느끼는 정도에 그치죠. 우리는 지하철이나 버스 안, 화장실 등에서 무엇 하나 아쉬울 것 없는 마음으로 타인의 죽음이 실린 기사를 무덤덤하게 읽어 내려갑니다. 당사자와 가까운 사이가 아닌 한 그런 기사를 보고 오열하는 경우는 거의 없습니다. 아직까지 저는 지하철에서 누군가가 죽었다는 기사를 보고 가슴을 치며 눈물을 흘리는 사람을 본 적이 없습니다. 무심히 스마트폰 화면을 넘기고 스포츠나 연예 기사 같은 더 재미있고 관심이 가는 뉴스로 옮겨갈 뿐입니다. 타인의 죽음은 그저 손가락으로 넘겨지는 화면 속 짧은 사건으로만 남습니다.

그러나 죽음이 자기 자신과 가까운 사람의 일이 되면 이것은 전혀 다른 문제로 다가옵니다. 아마 대학교 2학년쯤이었을 겁니다. 밤늦은 시간에 친구들과 술을 마시며 놀고 있는데, 문득 어머니에게서 전화가 왔습니다. "여보세요"라고 말하며 전화를 받자 전화기 저편에서 대답보다 먼저 낮은 흐느낌 소리가 들려왔습니다. 그 순간, '아버지한테 무슨 일이 생겼구나'라는 생각이 벼락처럼 스쳐 지나갔습니다. 정신이 멍해지고 시간이 정지된 듯한 느낌을 받았습니다. 다시 "여보세요?"라고 재촉하자 그제야 어머니 목소리가 들려왔습니다. "아버지가 몸이 이상해서 병원에 왔어. 협심증 진단을 받아 입원했으니까 서둘러 병원으로 오렴."

제게는 천만다행히도, 전화기 저편에서 저를 놀라게 했던 낮은 울음소리는 병원에 있는 다른 누군가의 목소리였습니다. 늦은 밤, 아버지가 입원한 병원으로 서둘러 달려갔습니다. 협심증은 간단한 시술을 받고 관리만 잘하면 큰 문제가 없는 병이란 말을 간호사에게 전해 듣고는 놀란 가슴을 겨우 진정시켰습니다. 그러나 한 번 놀란 가슴은 제게 또 다른 생각거리를 던져주었습니다. 병상에 누운 아버지 곁에서 하룻밤을 지새우면서 저는 죽음이 결코 남의 이야기만은 아니라는 걸 다시 한 번 깨달았습니다.

기사로 접하는 타인의 죽음은 손가락으로 넘겨 재빨리 스쳐 지날 수 있습니다. 하지만 만약 "○○○ 씨 되시죠? ○○○ 환자분이 위독하십니다. 빨리 응급실로 오세요"라는 전화를 받는다면 어떨

나의 첫 죽음학 수업

까요. 혹은 몸이 좀 안 좋아 병원에서 진단을 받았는데, 의사가 숨을 고르고는 무거운 음성으로 "몇 개월 안 남으셨습니다. 준비를 하셔야······"라고 통보한다면? 그때도 스마트폰 화면 위에서 손가락을 재빨리 움직이듯 휙 넘겨버릴 수 있을까요. 죽음이 사랑하는 이, 혹은 나의 것이 되면 과연 우리는 어떤 심정이 될까요.

사실 기사에 나온 이름 모를 이의 죽음은 누군가에게는 결코 떠나보내고 싶지 않은 친인의 죽음일 것이고, 어쩌면 그 자신의 죽음일 것입니다. '지금 이 순간'에도 죽어가는 사람이 있고, 가까운 가족의 죽음을 지켜보는 이들이 있습니다. 죽음이 현실로 닥치거나 나의 문제가 되어버리는 일은 지구상에서 끊임없이 벌어지고 있습니다.

프랑스 철학자 블라디미르 장켈레비치Vladimir Jankélévitch는《죽음에 대하여》라는 책에서 죽음을 1인칭, 2인칭, 3인칭의 세 가지 관점으로 설명했습니다. 1인칭 죽음은 '나의 죽음'이며, 2인칭 죽음은 '너의 죽음', 3인칭 죽음은 '익명적 타인의 죽음'입니다.

1인칭, 즉 나의 죽음은 말 그대로 죽음이 나의 것이 된 상태를 뜻합니다. 2인칭인 너의 죽음은, '너, 당신, 그대'로 지칭할 수 있는 가까운 사이, 사랑하는 사람의 죽음을 의미합니다. 3인칭 죽음은 자신과 별 관계 없는 타인의 죽음, 즉 '남의 죽음'을 뜻합니다.

인칭을 시점으로 바꾸어 표현할 수도 있습니다. '시점視點'의 '시(視: 보다)'라는 글자에서 알 수 있듯이, 시점은 '시선이 출발하는 지점'을 의미합니다. 1인칭 게임을 생각하면 쉽습니다. 즉 화면에 내 손이 보이고 내 눈앞에 있는 적을 처치하는 방식입니다. 이와 달리 3인칭 시점은 영화나 드라마처럼 외부 관찰자의 시각에서 등장인물과 상황을 지켜보는 상태를 말합니다. 결국 '시점'을 통해 죽음을 보면, 1인칭 시점에서 죽음은 내 눈앞에서 죽음이 '나에게 다가오고 있는' 것으로, 2인칭 시점에서는 내가 보고 있는 '너에게 죽음이 다가가고 있는' 것으로, 3인칭 시점에서는 죽음이 '내가 모르는 누군가에게 일어난' 사건으로 느껴질 것입니다.

'나의 죽음'과 '타인의 죽음'에 대해서는 하이데거Martin Heidegger, 야스퍼스Karl Jaspers, 레비나스Emmanuel Levinas, 들뢰즈Gilles Deleuze 같은 실존주의 철학가들이 언급했는데, 장켈레비치 또한 이들의 영향을 받았습니다. 이들은 죽음을 타인의 것이 아니라 '나의 죽음'으로 받아들여야 한다고 한목소리로 강조합니다.

나의 첫 죽음학 수업

사실 '나'의 죽음은 내가 죽기 전까지는 경험할 수 없고, 다른 이에게 알려줄 수도 없습니다. 죽음을 경험하는 그 순간이 바로 처음이자 마지막이 되기 때문입니다. 그러나 '너의 죽음'은 내가 죽기 전까지 여러 번 경험할 수 있습니다. 그래서 장켈레비치는 특히 2인칭 죽음의 중요성을 강조했습니다.

2인칭 죽음은 나의 죽음이 아니며, 동시에 나와는 전혀 관계없는 타인의 죽음도 아닙니다. 죽는 당사자는 내가 아닌 다른 사람이므로 나는 계속 살아 있습니다. 하지만 우리는 가까운 거리에서 '네'가 죽어가는 것, '네'가 죽은 모습을 어쩔 수 없이 지켜보게 됩니다.

'너', 즉 사랑하는 이, 부모, 형제자매, 자식, 친구, 반려동물의 죽음은 우리가 죽음과 가까워지는 '계기'가 됩니다. 사랑하는 이의 죽음을 뜬눈으로 지켜보면서 비로소 죽음에 관해 진지하게 생각하고, 나에게도 언젠가 다가올 사건으로 깨닫기 시작하는 것이죠.

지금 죽음에 관한 이 글을 쓰고 있는 저도 다르지 않습니다. 제가 배우고 가르치는 주제가 죽음이긴 하지만, 그렇다고 해서 죽음이 저와 가깝다고 명확하게 말하기는 힘듭니다. 혹한기나 혹서기 날

씨처럼 죽음을 미리 '체감'해볼 수는 없기 때문입니다. 아마 시한부 환자처럼 죽음이 확정된 경우라야 저의 죽음에 대한 확신이 생길지 모르겠습니다. 그리고 그때는 이미 죽음이 남의 것도 너의 것도 아닌 오직 나의 것입니다. 시한부 환자에게는 "다음에 한번 보자" "언제 밥이나 먹자"라는 말이 의미를 잃습니다. 오로지 숨 쉬고 있는 지금 이 순간만이 확실한 나의 삶인 탓입니다.

살다 보면 간혹 흘러가는 시간을 빨리 보내버리고 싶은 때가 있습니다. 단순하고 지겨운 일을 반복하거나, 무언가로 인해 극심한 스트레스를 받는 시간 따위가 그렇죠. 이와는 반대로 주말이나 방학, 휴가나 해외여행 같은 즐거운 시간은 어서 와주길 기다리며, 오히려 지금의 시간을 죽이며 소비해버리기도 합니다.

그런가 하면 거꾸로 시간이 흐르는 것이 아쉽게 느껴지는 때도 있습니다. 신병훈련소에 들어가기 전, 오랫동안 가족과 떨어져 지낼 해외 파견을 떠나기 전, 말기 암 판정을 받았을 때는 내가 헛되이 쓴 나의 시간, 그리고 가까운 이들과 공유했던 시간의 소중함을 알게 됩니다. 하루 이틀, 1시간 2시간, 일분일초, 지나가는 시간이 너무나도 아깝습니다. 아침밥을 먹니 안 먹니, 이거 해라 저거 해라 잔소리하던 부모님의 목소리가 벌써부터 그리워집니다. 사랑하는 사람들과 함께하는 시간이 얼마 남지 않았음을 깨닫는 순간, 그제야 별 고마움 없이 흘려보냈던 시간이 소중했음을 알아차립니다. 왜 그때는 그렇게 못 참고 짜증만 냈을까 하는 후회가 밀려오지요.

생각해보면 우리는 매일 무의식적으로 우리 자신을 기만하는지도 모르겠습니다. 죽음이 나와는 상관없는 일이라며 끊임없이 세뇌하면서 말이죠. 아니, 어쩌면 그래서 의식적으로 자신을 속이면서 세상의 죽음이 나와 관계가 없다고 믿는 것은 아닐지도 모르겠네요.

하지만 세상에 끝이 없는 축제란 없듯, 죽음이 없는 탄생도 없습니다. 죽음은 그저 뉴스 기사에만 오르내리는 남의 소식이 아닙니다. 죽음은 우리 자신과 사랑하는 사람 각자에게 모두 하나씩 공평하게 주어져 있습니다. 그것이 어떤 모습이든, 하나의 죽음은 결국 우리 한 사람의 몫일 수밖에 없습니다. 우리는 언젠가 그 몫을 오롯이 스스로 감당해내야만 합니다.

사랑하는 당신의 죽음 앞에서

우리가 앞에서 살펴본 죽음의 세 가지 종류, 즉 타인의 죽음, 사랑하는 이의 죽음, 나의 죽음 가운데 현실적으로 가장 고통스러운 죽음은 어쩔 수 없이 나의 죽음일 것입니다. 죽음에 이를 때의 통증, 사후세계에 대한 공포, 남겨질 이들에 대한 후회와 걱정을 온전히 자기 자신이 홀로 받아내야 하는 까닭입니다.

일반적으로 죽음에 이르는 과정은 지독한 고통을 수반합니다. 불교 경전 중 하나인 《아비달마구사론阿毘達磨俱舍論》에서는 다음과 같이 이야기합니다.

　목숨을 마칠 때에는 다수의 말마末摩, marman가 끊어지는 고수

苦受에 핍박받는다. …… 예리한 칼날처럼 말마를 건드리고 이로 인해 극심한 고수가 늘어나며 머지않아 마침내 목숨을 마치게 된다.

'말마'는 'marman'의 음역어로서 일종의 급소입니다. 이것은 '급소를 끊는다'라는 뜻인 단말마斷末摩의 어원이기도 하죠. '고수'는 고통을 말합니다. 여기서 인용한 《아비달마구사론》의 이야기는 우리에게 숨이 멎을 때까지 온갖 고통이 육신을 가격한다는 사실을 말해줍니다. 임종 과정에서 일어나는 통증 같은 육체적 고통은 엄청난 불안과 공포의 대상입니다.

그러나 때로는 내가 아는 다른 이의 죽음이 더 고통스러울 때도 있습니다. 그가 겪는 고통을 바라보기만 해야 한다는 사실이, 그가 떠나고 나면 다시는 서로 두 눈을 맞추며 이야기할 수 없고, 기쁜 일이 생겼을 때 함께 나눌 수 없다는 사실이 슬프고도 괴롭습니다.

주위를 둘러보면 사랑하는 이의 죽음을 경험한 사람들이 많습니다. 저보다 열 살 어린 사촌 동생도 그런 의미에서는 제 선배입니다. 동생은 중학생 때 사고로 어머니를 잃었고, 20대 초반에는 아버지마저 갑작스레 병에 걸려 돌아가셨습니다. 저는 부모님이 제공하는 안전한 그늘 없이 꿋꿋하게 살아가는 동생을 보면 존경스러운 마음이 듭니다. 동시에, 한편으로는 삶에서 가장 큰 숙제인 그 힘겨움을 겪어낸 것이 부럽습니다. 죽음학을 전공한지라 늘 죽음에 관해 생각하고 이야기해왔지만, 솔직히 부모님의 죽음을 생각하면 저는 여전히 두렵기만 합니다. 이른 새벽이나 밤늦게 핸드폰에 전화벨이 울리면 부모님에게 무슨 일이 생긴 건 아닐까 하는 걱정부터 듭니다.

제 어머니는 10여 년 전 갑상샘암 수술을 했습니다. 수술하기 전, 어머니는 밤낮을 가리지 않고 들려오는 이명 탓에 힘들어했고, 또 어지럼증과 불면증을 호소했습니다. 참으면 되겠지 하고는 차일피일 미루다가 증상이 심해져 결국 병원에 가서 검사를 했습니다. 검사 결과 갑상샘에 종양이 발견되었고 다시 조직검사를 하기로 했습니다. 결과를 기다리던 어머니는 혹시나 악성종양이 아닐까 근심하며 며칠 밤낮을 뜬눈으로 보냈고, 저는 그럴 일 없으니 아무 걱정 말라고 어머니를 달래주었습니다.

당시 저는 암이 저와 전혀 상관없는 다른 사람에게 걸리는 병이거나 드라마에 나오는 진부한 소재라고만 생각했습니다. 그러나 어머니의 진단 결과는 제 기대와 어긋나게도 암이었습니다. 저의 위로는 금세 무색해졌습니다. 수술 날짜를 잡고 한 달 정도 기다리는 와중에 많은 감정이 일어났다 사라지기를 반복했습니다. 무엇보다 지금 저에게 닥친 일이 사실이라고 믿어지지 않았습니다. 평생 고생만 하신 어머니가 불쌍했고 앞으로 어떤 일이 일어날지 몰라 불안하기만 했습니다.

어머니는 수술 전날 입원해서 수술을 준비하며 기다리는 내내 두려워했고, 결국 뜬눈으로 밤을 지새웠습니다. 수술 당일, 이동식 침대에 누운 어머니는 두려움과 피곤함이 반반씩 섞인 눈으로 저를 바라보다가 말없이 수술실로 들어갔습니다.

수술이 진행되는 동안 저는 병원 주차장으로 내려가 차 안에서 혼자 5시간 정도를 기다렸습니다. 눈을 감으니 제 기억 속에서 어머니와 함께한 여러 장면이 떠올랐습니다. 고등학교 때 수해를 입어 안방까지 물이 차는 바람에 양동이로 물을 퍼내다가 다친 발에 감아놓은 붕대에서 피가 조금씩 스며 나오던 모습, 다음 날이 아들 생일이라고 밤늦게까지 부엌에서 음식을 준비하던 뒷모습, 시장에 가면 식당 앞에 잠시 머물러 음식을 구경만 하다가 그냥 지나치던 모습……. 지금 이렇게 떠올리는 어머니와의 추억과 과거의

기억이 말 그대로 영원한 과거로 남는 것은 아닐까 싶어 두렵고 조바심이 났습니다.

다행히도 수술은 잘 끝났지만 어머니는 한동안 항암치료를 받아야 했습니다. 그리고 수술 후 십 년이 훌쩍 지난 지금도 후유증 탓에 불면증과 공황장애를 앓습니다. 가족의 풍경도 이전과는 조금 달라졌습니다. 무엇보다 그때의 일은 저에게 처음으로 사랑하는 이의 죽음을 실감하게 했습니다.

사랑하는 이를 잃게 되는 경우는 크게 두 가지입니다. 첫째는 사고로 인한 갑작스러운 죽음, 둘째는 중병으로 인해 서서히 찾아오는 죽음입니다. 그중에서 특히 사고로 가족을 잃은 사람들은 사별 후 트라우마 또는 PTSD라 불리는 '외상 후 스트레스 장애 Post Traumatic Stress Disorder'를 겪습니다. '외상'이란 말은 상처를 입었다는 뜻이고, PTSD는 심리적으로 충격을 받은 것을 말합니다. 다시 말해 상처를 입은 곳이 육체라기보다는 마음인 것입니다.

일반적인 의학적 상식과 달리 상처는 가슴에도 새겨집니다. 어떤 비극적인 사건이 가슴에 상처를 만들어내면, 시간이 흘러 기억 속에서는 희미해져도 아물지 않은 채 우리 삶에 계속해서 영향을 줍니다. 심지어 극단적인 경우 사망한 자를 뒤따라가는 선택을 종용할 수도 있습니다. '외상 후 스트레스'라는 말 뒤에 '장애'가 붙어 있다는 것은, 마음의 상처가 평범한 사람이 가진 스트레스 대응능력을 압도한다는 사실을 단적으로 보여줍니다. 마음도 타격을 받으면 큰 피멍이 들고 상흔을 입는 것입니다.

사고로 인해 목숨을 잃는 대표적인 예가 교통사고입니다. 심리학자 샬럿 알로에노우Charlotte Alloenou는 교통사고로 가족을 잃은 유족 100명을 대상으로 외상 후 스트레스 장애에 관해 조사했습니다. 조사 결과 약 20퍼센트가 외상 후 스트레스 장애를 경험했으며 슬픔, 분노, 우울 등 부정적인 감정을 느꼈습니다. 또한 자신과 남은 가족의 안전에 대한 과도한 걱정 탓에 정상적인 삶을 유지하지 못했습니다.

또 다른 심리학자 마르셀 헤기Marcel Haegi는 연구를 통해 사별을 경험한 사람들이 사고 후 시간이 지나도 상상 속에서 확연히 사고를 재경험re-experiencing했다고 말합니다. 대개 과도한 긴장 상태가 유지되었고, 돌발적인 불안증, 악몽, 전화벨 소리가 들리는 환청 따위의 증상을 경험했으며, 다수가 자살 충동을 느꼈습니다. 또한 추적 조사 결과, 사고 후 3년이 지난 뒤에도 증상이 지속되었습니다. 사별 경험이 시간에 구애받지 않고 남아 있는 사람들에게 지속적으로 작동하며, 인생의 그 어떤 경험보다도 강렬한 인상을 남긴다는 뜻입니다.

그렇다고 해서 사랑하는 이에게 찾아올 죽음과, 그 죽음 이후의 삶을 외면할 수는 없는 노릇입니다. 우리는 여전히 다른 누군가와 함께 시간을 보내며 살아가야 하고, 무엇보다 나 자신의 생명이 남아 있는 까닭입니다. 그런 시간을 트라우마로만 채우고 지나쳐버릴 수는 없습니다.

생사학의 대가 알폰스 데켄Alfons Deeken은 사별 후 남겨진 가족이 비탄悲歎을 겪는 과정을 단계별로 제시했습니다. 첫 단계는 '충격과 부정'입니다. 사랑하는 사람의 죽음과 마주하면 충격에 의해 일시적으로 감각이 정상적으로 활동하지 못하고 비현실적으로 느껴집니다. 사랑하는 사람이 죽었다는 사실을 인정할 수 없는 것입니다. 그래서 마음속으로 '이건 현실이 아니야'라고 말하면서 죽음을 감정적, 이성적으로 받아들이지 않게 됩니다. 이런 반응은 심리학적 용어로 '방어기제'라 불리는 현상이며, 충격을 조금이라도 완화하려는 생명의 본능적인 활동입니다.

그 뒤 '분노와 부당감'의 단계로 넘어갑니다. 충격에서 어느 정도 벗어나면 슬픔과 함께 이것이 부당하다는 감정과 분노가 일어납니다. 특히 암에 걸려 서서히 죽어가는 경우보다는 갑작스러운 사고사를 당한 유족에게서 이런 반응이 더욱 강하게 나타납니다. '왜! 우리 부모님에게 이런 일이 일어난 거지. 텔레비전에 나오는 저 많은 나쁜 놈들은 멀쩡히 살아 있는데!' '차라리 아빠를 데려갈 것이지 왜 엄마를 데려간 거지?' '나는 이렇게 괴로운데 저기 공원에 있는 다른 가족들은 참 잘들 노네.' '그러게 진작 병원에 가라니까! 건강관리하라고 얼마나 많이 말했는데……' 이런 감정 표현이 모두 분노와 부당감에 속합니다.

다음 단계는 '죄의식'입니다. 죄의식은 '살아 계실 때 잘해드렸어야 했는데……' '자주 찾아뵐걸……' '그때 내가 병원에 모시고 갔어야 했는데……' '왜 내가 화낸 모습을 마지막 기억으로 남겨버렸을까' 등으로 표현됩니다. 죄의식은 비탄 과정의 대표적 반응으로서 강렬한 후회를 동반합니다.

죄의식 다음으로 찾아오는 것은 '공상과 환상'입니다. 공상은 죽은 사람이 아직 살아 있는 듯한 착각에 사로잡힌 상태입니다. 실제로 유족 중에는 간혹 죽은 아들의 방을 매일 청소하거나, 매 끼니 죽은 사람이 먹을 음식을 차려놓고 기다리는 경우가 있습니다. 심지어 부엌에서 음식을 만드는 어머니나 거실에 앉아 텔레비전을 시청하는 아버지의 모습 등 망자의 환영을 보기도 합니다. 의식적으로 죽음을 인정하지만 현실에서는 수용할 수 없는 강렬한 의식이 무의식적으로 보상을 받으려는 과정에서 공상과 환상이 나타납니다.

비탄 과정이 후반부로 진행되면 '우울과 무기력증' 단계에 진입합니다. 장례식이 끝나고 묘지 안장이나 납골 같은 사후 처리를 거의 마치면, 대개는 돌아가신 분의 유품을 정리합니다. 유품을 정리하는 데 짧으면 한 달, 길면 1년 이상의 시간이 걸립니다. 사람들은 유품을 정리하면서 비로소 사랑하는 이의 죽음을 인정하기 시작합니다. 늘 함께했던 거실, 부엌, 서재, 단골 식당, 찻집 등은 쓸쓸하고 적막한 공간으로 변해버리고, 남아 있는 사람들은 슬픔을 넘어 우울함에 사로잡히죠. 심한 경우 우울증으로 진행되거나 대인기피증이 생기기도 합니다. 그러므로 데켄은 특히 이 단계에서 주위의 도움이 필요하다고 강조합니다.

비탄의 마지막 단계는 '수용', 즉 받아들임입니다. 이 단계에 이르면 죽은 사람은 이 세상에 없다는 현실을 뚜렷이 응시하게 되며

나의 첫 죽음학 수업

상대의 죽음을 받아들이려는 노력을 시작합니다. 사랑하는 이의 죽음을 인정하고 다시 삶을 시작하려 준비하는 것입니다. (물론 사별을 경험한 모든 사람이 정확하게 위와 같은 과정을 순서대로 거치지는 않습니다. 때로는 동시에 여러 단계가 중복되어 나타나기도 하죠.)

사랑하는 사람들의 죽음을 미리 떠올리는 것, 그리고 그들의 죽음 이후를 생각해보는 것은 언젠가는 반드시 우리 모두가 겪을 일이 닥쳐왔을 때 쉽사리 무너지지 않고, 남은 가족과의 시간이나 나 자신에게 주어진 날을 꿋꿋하고 건강하게 채울 수 있는 힘을 줍니다. 하지만 무엇보다 좋은 것은 그들을 보내고 난 뒤가 아니라, 바로 지금 사랑하는 이들과 함께 채우는 시간일 것입니다. 사랑하는 이들을 보내고 나서 흘리는 백 일간의 눈물보다 그들과 함께 있을 때 퍼지는 찰나의 미소가 백번 더 낫겠지요. 사랑하는 이가 살아 있을 때 후회 없이 표현해야 합니다. 그때 미안했다고, 지금 사랑한다고.

행복은 그 이름만큼 거창하지 않습니다. 이 사실을 깨닫는 것은 물론 말만큼 쉽지 않겠지만, 한편으론 세상에서 이보다 간단한 진리도 찾아보기 힘들 것입니다.

나의 죽음을 받아들일 것

몇 개월 전부터 속이 불편하고 소화가 잘 안 되는 느낌이 듭니다. 차일피일 미루다가 병원에 가서 내시경 검사를 합니다. 의사가 결과를 보더니, 추가로 조직검사와 CT검사를 받아볼 것을 권합니다. 지루한 검사가 끝나고 진단 결과를 듣기 위해 별생각 없이 진료실에 앉아 시간을 보냅니다. 의사는 알 수 없는 표정을 지으며 한동안 모니터를 바라보고만 있습니다. 그렇게 뜸을 들이는가 싶더니 의사가 이내 굳게 닫힌 입술을 엽니다. "위암 말기입니다. 식도, 간, 췌장까지 전이되었네요. 항암치료를 하겠지만 심각한 경우 3개월 뒤면……. 마음의 준비를 하셔야 합니다." "……!"

드라마에서나 보던 일이라고요? 그렇습니다. 분명히 드라마에

흔히 등장하는 소재입니다. 그런데 문제는 이게 시청률을 의식한 일부 상업 드라마뿐 아니라 현실에서도 빈번하게 발생하는 일이라는 겁니다.

실제로 앞으로 나에게 남은 삶이 단 3개월뿐이라면 우리는 어떤 반응을 보일까요. 아침에 일어나 저녁에 잠자리에 들 때까지 지금껏 해오던 일상을 순조롭게 이어갈 수 있을까요. '그래? 할 수 없지!' 혹은 '역시 이럴 줄 알았어!'라고 하면서 쾌활하게 인정하고 받아들일 수 있을까요. 죽음이 향하는 방향이 전혀 모르는 남이나 내가 사랑하는 사람이 아니라 나 자신이라면, 자기가 곧 죽는다는 사실을 알게 된다면 우리는 과연 어떻게 달라질까요.

인간의 죽음에 대한 연구에 일생을 바친 정신과 의사 엘리자베스 퀴블러 로스Elisabeth Kübler-Ross는 우리 모두가 통과하게 될 죽음의 과정을 친절히 알려주었습니다. 《타임》지가 뽑은 '20세기 100대 사상가' 중 한 사람이기도 한 엘리자베스 퀴블러 로스는 1926년 스위스에서 세쌍둥이 중 첫째로 태어났습니다. 똑같이 생긴 자매들을 보고 자라면서 퀴블러 로스는 자신의 정체성에 대해 깊이 고민했습니다.

유년기와 청소년기를 어느 한적한 스위스 시골 마을에서 보낸 퀴블러 로스는 19세에 폴란드의 마이다네크 유대인 수용소에서 봉사활동을 했습니다. 봉사를 할 당시 퀴블러 로스는 비참하게 죽어간 이들이 수용소 벽면에 그려놓은 수많은 나비를 목격했다고 합니다. 아마도 이런 경험은 그녀가 훗날 죽음을 탐구하는 일을 평생의 업으로 삼는 계기가 되었을 것입니다. 이후 퀴블러 로스는 의과대학을 졸업한 뒤 미국으로 이주해 뉴욕, 시카고 등지에서 머물며 평생을 시한부 환자들을 위한 정신치료에 투신했습니다. 그러면서 인간이 다섯 가지 단계를 거쳐 죽음에 이른다는 사실을 발견했죠.

자신의 삶이 얼마 남지 않았음을 판정받는 순간 처음 일어나는 반응은 무엇일까요. 퀴블러 로스는 그 첫 단계가 부정이라 말합니다. 즉 인정하지 않는다는 의미입니다. 자신이 몇 개월 뒤 사망할 것이라는 선고를 받은 뒤, 마치 넋 놓고 있다가 느닷없이 상대에게 한 대 맞고 놀란 것처럼 큰 충격을 받게 되는 것입니다. '뭐? 말도 안 되는 소리를!' '진짜 나인 거야?' '왜 하필 나야?' '왜 지금이지?' '다른 환자 진료기록을 잘못 본 거 아니야?' '말 같지도 않은 소리를……. 이렇게 멀쩡한데. 안 되겠어. 큰 병원으로 가봐야지.' 온갖 부정의 속삭임이 꼬리를 뭅니다. 내가 곧 죽을 거라는 사

실은 받아들일 수 없는, 마치 꿈같은 일일 뿐입니다.

부정의 단계가 지나면 분노의 단계로 진입합니다. 분노 대상에는 타인, 가족, 의사, 친구, 심지어 신, 붓다, 하느님과 같이 종교의 대상까지 포함됩니다. '저기 있는 인간들은 참 즐거운가 보네. 뭐가 저렇게 재미있다고 웃고 떠들지?' 하며 타인을 향해 분노를 쏟아내는 것은 기본입니다. "왜 이렇게 아프기만 하고 전혀 차도가 없냐고! 밤새도록 아파서 잠도 못 잤어! 당신들이 아프면 이렇게 내버려 두겠나!"라고 의료진에게 불만을 토로하기도 합니다.

사소하게는 먹는 것도 분노의 원인이 됩니다. 곁에서 음식을 먹는 가족을 보면서 '나는 이렇게 아파서 잘 먹지도 못하는데, 너는 참 잘도 먹네'라고 화를 내는 것입니다. 또 날이 갈수록 피골이 상접해가는 자신과는 상반된 건강한 가족의 모습을 보고 질투를 일으킬 수도 있습니다.

《이반 일리치의 죽음》에 나오는 주인공 이반 일리치가 바로 그랬습니다. 어느 날 갑자기 시한부 환자가 된 일리치는 건강한 아내를 바라보며 끓어오르는 분노를 느낍니다.

일리치는 아내를 머리끝에서 발끝까지 훑어보고 나서 하얀 살결과 통통한 몸, 깨끗한 손, 윤기 흐르는 머리카락, 반짝거리는 두 눈을 못마땅한 표정을 쳐다보았다. 그는 온 마음을 다해 아내를 증오했다. 아내의 손길이 조금만 닿아도 증오심이 치밀어 오르며 고통스러웠다.

죽음은 결국 자기만의 것이고 쇠락해가는 몸뚱이는 오직 자신의 몸뿐입니다. 사랑하는 가족이라도 환자에게는 질투의 대상이 될 수 있지요. 주변 사람에게 많은 어려움을 주는 단계가 바로 이 분노 단계입니다. 그러므로 이 시기를 잘 보낼 수 있도록 모두가 큰 인내심을 가져야 합니다.

타오르는 불길과 같은 분노의 단계가 사그라지면 타협 단계로 넘어갑니다. 죽음을 눈앞에 둔 당사자가 '조금이라도 더 많은 시간이 나에게 주어졌으면……' 하고 바라는 상태입니다. 이 단계에서 우리는 비로소 자신의 현실을 서서히 받아들이려고 노력하게 됩니다. 의사의 지시에 적극적으로 따르고 짜증만 부리던 가족에게도 미안해합니다. '제가 그동안 착한 일 한 적도 별로 없고 사람들에게 상처를 주기도 했습니다. 하지만 만약 딱 한 번만 기회를 더 주신다면 좋은 일만 하며 살겠습니다'라고 평소에는 잘 하지 않았던 기도를 드리기도 합니다.

죽음을 눈앞에 둔 환자들은 마지막까지 희망을 버리지 않습니다. '때마침 이 시점에 내 병을 낫게 해줄 신약이 개발되지 않을까?' '획기적인 새로운 치료법이 나오지 않을까?' '신이 나에게 기적을 베풀어주실 수도 있을 거야' 하는 식입니다. 그러나 병세는 점점 악화되고 통증은 심해지며 거울을 통해 보이는 자신의 모습은 내가 알던 그 모습이 아닌 낯선 이의 몰골로 변해갑니다. 의사의 처방도 잘 따르고, 생전 하지 않던 착한 일도 하고, 기도도 열심히 해보았지만 생명의 불빛은 점점 희미해져갑니다…….

그렇게 해서 결국은 네 번째 단계인 '우울의 역'에 정차합니다. 여기에서 '우울'은 단순히 '기분이 우울하다' 정도의 수준을 말하는 것이 아닙니다. 우울한 기분의 지속, 의욕과 흥미 저하, 수면장애, 식욕 저하, 체중 감소, 자살 충동, 무가치감, 죄책감 등이 거의 매일 온종일 나타나는 경우입니다. 이런 우울증은 정신활동과 신체활동 저하까지 동반하며, 심각해지면 자살로까지 이어지는 질병입니다.

우울이라는 결과를 생산해내는 원인은 다양합니다. 자신은 곧 죽을 것이라는 사실을 인정하기 시작했다는 심리적 요인과, 망가져 가는 자신의 육체를 목격하는 슬픔, 그리고 계속되는 통증 등이 원인일 것입니다. (사실 죽어가는 과정에서 가장 감당키 힘든 것은 지독한 아픔, 즉 통증입니다. 통증이란 짐만 없어도 죽음의 여정을 떠날 때 좀 더 가벼운 발걸음이 되지 않을까 싶을 정도입니다.) 사람들은 우울의 단계에서 서서히 자신의 생명력이 저하됨을 알아차리고 심리적으로 위축되지만, 비로소 이 단계에서 자신의 죽음을 인정하기 시작합니다.

부정, 분노, 타협, 우울의 역을 통과하면 도달하는 마지막 종점은 어디일까요. '수용', 바로 '받아들임'의 단계입니다. 자신이 처한 현실을 부정해보고 타인에게 분노를 발산하고 타협도 해보지만 결국 자신은 죽게 된다는 사실을 수긍하고 받아들이게 됩니다. 수용의 단계에서는 적극적으로 자신의 죽음이 임박했음을 인정합니다. 그리고 분노와 우울의 단계와 달리, 타인과 더 활발히 교류하고 자신의 삶을 돌아보며 남은 날을 어떻게 보내야 할지 고민하고 실천하기 시작합니다. 물론 모든 이들이 담담하게 자신의 죽음을 받아들이지는 않습니다. 퀴블러 로스는 수용 단계에서 나타난 여러 가지 태도를 관찰한 결과, 최후의 순간까지 저항하며 죽음을 받아들이기를 거부하거나, 어쩔 수 없이 수동적으로 받아들이거나, 혹은 자연스럽고 담백하게 죽음을 받아들이는 태도로 나뉜다고 말했습니다.

마치 봄이 오면 싹이 돋고 가을이 되면 낙엽이 떨어지듯, 죽음도 때가 되면 대자연으로 다시 돌아가는 자연스러운 현상 가운데 하나입니다. 누군가가 탄생하면 축하를 받으며 함께 기뻐합니다. 그러나 누군가가 죽으면 위로하고 슬퍼합니다. 물론 죽음이 기뻐할 만한 일은 아니지만 죽음은 분명히 시작과 끝의 관계처럼 탄생과 동등한 위치에 있습니다. 이른 나이에 죽음을 맞이하는 것은 너무나도 슬픈 일이지만, 때가 되어 죽는 것에 슬픔과 비참함의 정서만 각인시킨다면 죽음의 입장에서는 억울할 법합니다.

여기서 중요한 것은 '수용'입니다. 퀴블러 로스 또한 수용의 태도가 죽음을 포함해 삶의 모든 고난에 맞서는 매우 중요한 태도라고 말합니다. 파산, 이혼, 사고, 사업 실패, 암 선고 등 인생에서 마주하는 지독한 고난을 대할 때도 수용하는 태도가 필요한 것입니다. 받아들이지 않으려고 발버둥 치거나, 애써 묻어두려고만 한다면 더 깊은 진흙 구덩이 속으로 빨려 들어갈 수도 있습니다.

'받아들인다'는 것은, 이것이 '내 것'임을 인정하고 온전히 내면으로 소화한다는 의미입니다. 그리고 내가 그것을 인정하는 순간, 적어도 내 마음속에서 나를 괴롭히는 상황은 종료됩니다. 상황이 종료되면 새로운 길이 열리지만, 상황이 종료되지 않으면 새로운 길로 향하는 문은 닫히고 맙니다. 나의 것임을 알고 포용하면, 마음은 구심점을 잃고 두려움과 고통의 소용돌이에서 헤매기를 중단하고 그 속에서 벗어나 안정감과 침착함을 되찾습니다. 그 안정감과 침착함은 우리가 새로운 시작점에 서 있음을 알아차리도록 도와줄 수 있습니다.

그래서 인생의 마지막 순간에 지금까지와는 전혀 다른 삶의 태도를 보여주는 사람이 있는 것입니다. 극한 환경에서 발휘되는 자비심 또한 그런 예일지 모르겠습니다. 퀴블러 로스는 죽음이 삶에서 인간이 배울 수 있는 '마지막 성장'의 기회라고 말합니다. 죽음이 곧 성장의 기회라면, 죽음이라는 손님이 노크할 때 활짝 웃으며 반기지는 못하더라도 옅은 미소를 지으며 맞이해주어야 할 약간의 이유는 될 것입니다.

지금 힘들어하는 당신에게

"미안하다. 정리하고 가겠다. 가족을 두고 혼자 갈 수 없어 이런 선택을 했다." 두 아이와 아내를 살해하고서 스스로 극단적인 선택을 한 아버지가 남긴 유서 중 일부다. 한의사였던 A 씨는 지난달 13일 서울 양천구 목동의 한 아파트 15층에서 투신 사망한 채로 발견됐다. 부인과 5살, 1살짜리 아이들의 목 주위에는 압박 흔적이 있었다. 경찰 관계자는 "A 씨가 지난해 개원한 한의원의 운영에 대한 고민, 그리고 대출 문제, 아버지와의 갈등 등으로 심적 부담이 컸던 것으로 보인다"면서 "'내가 아니면 우리 가족도 이 힘든 세상을 살 수 없다'는 그릇된 판단을 한 것 같다"고 설명했다.

— '일가족 동반자살? 엄연한 자녀 살해!', 〈서울신문〉, 2020.3.1.

A 씨와 같은 일부 부모들의 극단적 선택은 '일가족 동반 자살'이라는 말로 기사화됩니다. 그러나 이는 엄밀히 말해 동반 자살이 아닌 '자녀 살해 후 자살'로 보아야 합니다. 아이들은 자살에 동의하지 않은 상태였기 때문이지요. 특히 영유아들은 자살에 동의할 판단력이 없으며, 만약 청소년기의 자녀가 동반 자살에 동의했다 하더라도 이는 올바른 판단에서 비롯되지 않았을 가능성이 큽니다. 이와 같은 사건은 부모가 자녀를 하나의 독립된 인간으로 생각하지 않고 자신의 소유물로 보는, 지극히 잘못된 인식에서 비롯합니다.

타인을 살해하는 것은 윤리, 도덕적 측면에서는 말할 것도 없고 엄격한 법적 처벌 또한 뒤따릅니다. 그렇다면 이렇게 물을 수 있습니다. 우리가 스스로 선택해서 자신을 죽이는 행위는 처벌이 따르지 않으므로 괜찮은 것일까요. 온전히 개인만의 선택이자 자유일까요. 자살은 '스스로를 죽이는 행위'입니다. 국내 통계자료에서 자살은 '고의적 자해'로 표기되는데 이는 '의도를 가지고 (자신의 신체에) 손상을 입히는 행위'를 뜻합니다. 따라서 자살에는 '의도성'과 '살해'가 포함되며, 넓은 의미에서 보면 다른 종류의 살인인 셈입니다.

최근 몇 년간 여러 매체에서 OECD 회원국 중 한국의 자살률이 1위라고 공공연히 말해왔지만 사실 2012년부터 2016년까지는 리투아니아가 1위였고 한국은 2위였습니다. 그러나 최근 OECD 데이터를 살펴보면 유감스럽게도 한국은 인구 10만 명당 24.6명으로, 24.4명의 리투아니아를 제치고 다시 1위를 차지했습니다. 3위는 러시아, 4위는 헝가리, 5위는 일본이었습니다. 더 비관적인 것은 2007년부터 2017년까지 러시아, 헝가리, 일본 등 타 국가의 자살률이 10만 명당 20명대에서 15명대로 진입했지만 한국은 여전히 20명대를 유지하고 있다는 점입니다.

2019년 보건복지부가 내놓은 《자살예방백서》에 따르면 10대부터 30대까지의 사망 원인 1위는 자살이며 40대부터 50대까지의 사망 원인 2위도 자살입니다. 자살의 동기로는 '정신과적 문제'가 가장 많았고, 다음으로 '경제생활 문제' '육체적 질병' '가정문제' '직장문제' 순이었습니다. 다만 보건복지부 자료에서는 정신과적 문제의 배경을 밝히고 있지 않습니다. 정신과적 문제는 쉽게 말해 정신질환을 의미하는데, 대표적인 것으로는 우울증이 있습니다. 사실 자살과 우울증은 연관성이 높습니다. 그렇다면 우울증을 일으키는 원인은 무엇일까요.

《자살예방백서》에서는 기초생활 수급자가 일반인보다 자살 생각 경험률이 4배 이상 높고 소득수준이 하위권인 경우 상위권보다 자살 생각률이 3배 이상 높았다고 밝히는데, 여기서 그 원인을 추론할 수 있습니다. 우울증의 주요 원인 중 하나가 바로 경제적 이유라는 것입니다.

실제로 1997년 IMF 외환위기 이후 국내 자살률은 인구 10만 명당 18명대에서 24명대로 급증했으며 특히 45~55세의 연령층에서 자살률이 급격히 증가했습니다. 그리고 1997년부터 2000년대까지 남성 자살률이 여성보다 높게 나타났습니다. 이는 경제활동을 주로 책임지던 남성이 IMF 사태로 타격을 받았기 때문이라 추측됩니다.

현시대의 행복, 성공의 기준은 무엇일까요. 누구나 예상하다시피 그것은 돈입니다. 드라마나 영화, 예능에서는 한강을 내려다보며 커피를 마시는 장면, 값비싼 외제차를 몰면서 여유롭게 음악을 듣는 장면, 높은 건물 최상층에서 정장 차림으로 우아하게 업무를 보는 장면 등 부와 관련된 묘사가 자주 등장합니다. 그 모습을 보면서 누군가는 대리 만족을 느끼기도 하고, 누군가는 나도 잘살아보아야겠다며 동기를 삼기도 하고, 또 누군가는 그저 아무 생각 없이 화면을 지켜보며 모니터가 송신하는 세상을 무의식적으로 받아들입니다.

가공된 장면을 보여주는 영상매체뿐만이 아닙니다. 인스타그램, 페이스북 등 SNS에서도 추천 수를 올리려고 인테리어를 예쁘게 한 집, 새로 산 명품가방, 고급 리조트 수영장에서 여유를 만끽하는 모습 등을 업로드합니다. 거의 모든 대중매체에서 돈을 미화하고 물질 중심사회를 건설하는 데 이바지하고 있는 것이죠. 그리고 이런 이미지에 영향을 받은 사람들의 인식 속에서는 연봉, 거주지, 생활수준에 따라 성공과 행복의 기준이 설정됩니다. 그러다 자신이 그 기준에 미치지 못한다고 생각하면 스스로의 삶을 폄하하고 가족을 원망합니다. 만약 기준에 전혀 미치지 못한다고 생각하면 자기 자신, 혹은 가족의 목숨까지 강제로 종료시켜버리기도 합니다.

물론 단순히 경제적 이유만이 자살의 모든 동기를 설명하는 건 아닙니다. 자살 연구에 관한 선구자인 에밀 뒤르켐Emile Durkheim은 자살 동기에는 여러 종류가 있다고 말합니다. 그는 《자살론》에서 자살의 원인을 비사회적 원인과 사회적 원인 두 가지로 구분하며 비사회적 원인에는 정신질환, 유전, 모방이 있고 사회적 원인에는 아노미anomie 상태가 있다고 말합니다.

정신질환의 예로는 조증(쉽게 흥분하는 상태가 지속되는 증세. 환각, 착란, 비약 등 급격한 감정 변화를 동반), 우울증(의욕 및 기분이 저하된 상태), 강박증(특정 생각이나 장면에 집착하고 불안해하며 어떤 행위를 수십 차례 반복하는 증세)이 있습니다. 그리고 유전은 단순히 자살을 일으키는 DNA 같은 것이 아니라 부모의 성격이나 기질, 성향을 물려받는 측면에서의 유전을 말합니다.

모방은 '베르테르 효과'로 바꿔 말할 수 있습니다. '베르테르'는 괴테의 소설 《젊은 베르테르의 슬픔》에 나오는 주인공 이름입니다. 베르테르는 약혼자가 있는 한 여인을 사모하게 되었고 이루지 못하는 사랑을 비관하여 그녀와의 추억이 깃든 옷을 입고 권총 자살을 합니다. 소설은 1774년에 발간되었는데 당시 유럽의 많은 젊은이들이 소설 속 베르테르의 모습을 모방해 자살했습니다. 이에 사회학자 데이비드 필립스David Philips는 유명인의 자살이 언론에 보도된 후 일반인의 자살이 증가하는 경향을 발견하고 이를 '베르테르 효과'라 이름 붙였습니다.

한편, 자살에 대한 사회적 원인인 아노미 현상은 경제 위기로 인

한 자살률 증가의 원인을 이해하는 데 도움을 줍니다. 아노미는 사회의 질서를 유지하는 공통가치나 규범의 기준이 무너져 혼돈에 빠진 상태를 의미합니다. 예를 들어 경제적 위기가 발생하면 질서가 흔들리고 급격한 변화가 일어나며 이러한 상황 속에서 자살률도 증가하게 됩니다. 인간은 가계 수입, 집값, 자가용, 여가를 누리는 수준 등 가정의 경제적 상태를 기준으로 삼고, 정신적 측면에서의 사회적 지위를 중시합니다. 그런데 경제 위기 등으로 인해 사회적 지위가 하락하면 의식주와 관련된 욕구를 억눌러야 하고 또한 그간 자신이 누렸던 것들을 절제해야 합니다.

대부분의 이들은 변해버린 상황에 적응하고 자신이 처한 지독한 현실을 수긍하기 힘들어합니다. 오랫동안 하나하나 쌓아 올려왔는데 모든 것이 무너지고, 미래는 막막하기만 합니다. 그래서 어떠한 노력을 시도해보기도 전에 초라하게 쪼그라들어버린 삶을 지레 포기하고 마는 것입니다.

인간은 누구나 생존본능을 탑재하고 태어납니다. 다시 말해 어떠한 경우에서도 살아남고 싶어 합니다. 그러나 자살은 살고자 하는 강력한 욕구를 인위적으로 파괴해버리는 행위이죠. 자살을 택하는 사람의 입장에서는 살아가는 것이 죽는 것보다 고통스럽습니다. 오로지 죽음만이 유일한 탈출구인 셈입니다.

어느 누가 감히 자살을 택하는 사람의 삶을 이해할 수 있을까요. 그러나 이해할 수 없으니 자기 목숨은 자기가 알아서 하라고 그저 내버려 두어서는 안 될 겁니다. 그런데 만약 내버려 두지 말아야 한다면 '절대로 자살은 하지 마세요'라고 권할 만한 어떤 확고한 무엇이 있을까요. 솔직히 저 역시 자살의 입구에 서 있는 그들에게 '제발 자살하지 마세요. 왜냐하면……' 하고 정확한 근거를 들어 설득할 자신은 없습니다. 그럼에도 불구하고 꼭 하나 당부하고 싶은 것이 있습니다.

첫 번째로 자살은 가족은 물론, 자신과 관련 없는 사람에게까지 피해를 주는 행위라는 점입니다. 동반 자살은 말할 필요도 없고 홀로 자살을 택하는 것도 타인에게 피해를 줍니다. 넓은 관점에서 보면 생명은 홀로 존재하는 것이 아닙니다. 뭇 생명이 같은 공간에 함께 얽혀 공존합니다. 공연음란죄는 타인에게 직접 행하는 성범죄와는 달리 스스로 노출된 장소에서 음란한 행위를 하는 죄이며 1년 이하의 징역, 500만 원 이하의 벌금, 구금에 처할 수도 있습니다. 자살 또한 자신이 스스로에게 가한 행위이지만 누군가에게 직접 목격되고 매체를 통해 수많은 이들에게 영향을 미칩니다. 내 목숨은 내가 알아서 하겠다고 외치는 건 지극히 이기적인 발상에서 나온 투정이라고 볼 수 있습니다.

두 번째는 자살이 바른 생각과 판단을 근거로 결론 내려진 행위가 아니라는 점입니다. 많은 경우 자살은 충동적입니다. 충동적이란 말은 어떤 행위가 합리적인 사고 없이 짧은 기간에 갑작스럽게 일어난다는 뜻입니다. 자살 전문가 토머스 조이너Thomas Joiner는 금문교 자살 투신 생존자들과 인터뷰를 진행했습니다. 그중 한 생존자는 "난간에서 뛰어내린 순간, 내게 있던 문제가 해결 가능하다는 걸 깨달았다"라고 했으며, 다른 생존자는 "뛰어내리며 처음 떠오른 생각은 '방금 내가 무슨 짓을 한 거지'였다. 내 몸이 강물 속으로 떨어지고 있는 동안 정말 살고 싶다고 생각했다"라고 전했습니다.

조이너는 자살을 시도했다가 살아난 사람들의 공통점은 '후회'였다고 말합니다. 삶이 괴롭고, 앞날이 보이지 않아 뛰어내리긴 했지만 자신이 처한 상황을 해결할 방법이 있었고, 또한 자신이 지금 막 시도한 행위가 오랜 시간 깊이 생각해서 내린 결론이 아니었음을 깨달았던 것입니다. 조이너는 "투신한 순간부터 수면에 닿기까지는 4초 정도 걸린다. 그러나 그 4초 동안 그들의 삶은 완전히 달라졌다"라고 말합니다. 인터뷰가 가능했던 것은 그들이 생존했기 때문입니다. 돌아오지 못한 수많은 이들이 만약 인터뷰를 한다면 어떤 말을 했을까요.

자살 결심은 과거와 미래에 대한 상상력으로 만들어집니다. 예를 들어 누군가가 빚을 3억 내어 권리금을 주고 가게 인테리어를 하고 장사를 시작했다고 가정해봅시다. 3년간 밤낮없이 일해서 드디어 빚을 거의 다 갚고 이제는 저축을 할 수 있게 되었습니다. 그러나 코로나 바이러스와 같은 갑작스러운 전염병이 발병해 손님의 발길이 끊깁니다. 조금만 참으면 되겠지 하고 다시 빚을 내고 몇 개월간 묵묵히 버팁니다. 그러나 5개월, 1년이 지나도 이전처럼 손님이 오지 않습니다. 과거에는 빚 3억을 내서 3년간 갚았는데, 1년이 지난 지금 대출받은 금액을 계산해보니 5억입니다. 그러면 앞으로 5년을 더 일해야 겨우 흑자가 납니다. 그러나 그 5년 동안 아무런 일도 일어나지 않을까요. 우울한 가정은 불행을 낳는 어리석은 결단을 촉구합니다.

인간은 상상력을 가지고 있습니다. 지나간 과거를, 오지 않은 미래를 상상할 능력이 있습니다. 과거에 대한 기억을 토대로 미래를 계산합니다. 그리고 그려본 미래에 희망이 없으면 더 이상 나아가기 힘들어합니다. 꿋꿋이 이겨내고 미래를 향해 다시 시작해보려 하지만 쉽지 않습니다. 그 과정이 너무나도 힘들고 괴롭고 재미없기 때문입니다. 이런 생각이 되풀이되다 보면 '더 이상은 못 하겠다. 이제는 끝났다'라는 결론을 내리기 시작합니다.

사람들은 종종 인생을 등산에 비유하기도 합니다. 산 입구에 잠시 서서 저 멀리 보이는 산 정상을 보고 '저기에 올라가서 아름다운 풍경을 내려다보자' 마음먹고는 출발합니다. 그러나 중턱은커녕 얼마 올라가지도 않았는데 벌써 지겹고 지칩니다. 다시 저 멀리 정상을 보면서 성급하게 발걸음을 재촉하지만 땀이 비 오듯 흐릅니다. 중턱에서 마시려 했던 물은 얼마 지나지 않아 바닥을 드러내고, 정상에서 맛있게 먹으려 했던 도시락은 중턱도 가지 못한 채 까먹습니다. 그리고 다시 정상을 바라보면서 가려는데 너무나 힘이 듭니다. 도저히 못 가겠다 푸념하고 다시 입구로 돌아가버립니다.

정상은커녕 중턱도 가지 못하고 포기한 이유는 시선이 오직 정상만을 향해 있었기 때문일 겁니다. 빨리 저곳에 도달해 멋진 풍경을 내려다보고 싶어서죠. 하지만 만약 차근차근 천천히 자기 페이스를 유지하면서 발 앞에 뭉툭 튀어나온 돌부리는 없는지, 등

산로 옆에 핀 저 꽃은 무엇인지 궁금해하며 걸어간다면 어떨까요. 가끔은 발걸음을 멈추고 낮게 지저귀는 새소리, 은은하게 흘러가는 시냇물 소리를 즐기는 여유를 갖는다면, 그렇게 차근차근 올라가다 보면 어느새 중턱에 와 있고, 어느새 저만치 아래를 내려다보게 될 것입니다.

앞서 기사에서 본 A 씨는 자영업체 운영, 대출 문제, 아버지와의 갈등 때문에 어린 자식과 부인을 살해하고 자살했습니다. 번듯한 집도 있고 결혼도 했고 아이들도 있고 한의원까지 개업한 상황이었는데도, 다른 누군가는 부러워할 만한 형편이었는데도 그는 가족을 죽이고 자살을 택했습니다. 아마도 그는 '바로, 지금'의 현재에 산 것이 아니라, 계산해도 답이 나오지 않는 '암담한 미래'를 살고 있었을 것입니다.

괴로웠던 과거를 마음속에 되풀이하거나 미래 또한 괴로울 것이라 함부로 상상해선 안 됩니다. 비록 남들은 저 위의 화려한 정상에서 큰 소리로 웃고 있지만 우리는 그저 바로 지금, 내 앞에서 천천히 움직이는 발만 보며 우리의 갈 길을 걸어가야 합니다. 우리는 대개 아직 시작도 하지 않았는데 성공을 먼저 생각하고, 심지어 성공 후 누리는 삶까지 상상합니다. 그러나 남에게 자랑할 만큼 하루하루 최선을 다해 살지 못하더라도, 그저 주어진 오늘을 내 방식대로 천천히, 차분하게 살아가면 충분한 것 아닐까요? 힘들면 쉬었다 가고 목이 마르면 잠시 앉아 목을 축이고 차분하게 걸어가면 됩니다. 그러다 보면 다른 사람의 발길이 좀체 닿지 않는 자그마한 둔덕에서 나름대로 걸어온 자취를 내려다보며 조용히 미소 지을 날도 올 것입니다. 오지 않은 미래를 두려워하기보다 이 순간의 자신에게 충실해야 합니다. 지금 힘들어하는 당신에게, 이 말을 꼭 전해주고 싶습니다.

다만 그때가 언제인지
알 수 없을 뿐

어느 날 할머니가 돌아가셨습니다. 불과 몇 주 전 오랜만에 친가에 오신 할머니를 뵙고 인사를 드렸는데, 무리를 하셨는지 대상포진에 걸려 병원에 입원하셨다는 소식을 들은 게 엊그제였습니다. 그 뒤 증상이 나빠져 중환자실로 옮겼다고 연락이 와서 병문안을 가려고 일정을 조율하고 있었는데 다음 날 새벽에 돌아가셨다는 문자를 받았습니다.

할머니의 장례식장에 가서 자리를 지켰습니다. 끊임없이 풍기는 향과 음식 냄새, 사람들의 대화소리가 뒤섞였습니다. 친가, 외가, 처가의 가족들이 조문을 왔고 가족의 지인들도 방문했다 떠나기를 반복했습니다. 할머니의 사촌 등 많은 이들이 찾아와 생전에 갖은 고생을 다하는 와중에도 살뜰하게 가족을 챙긴 할머니를 추억하며 대화를 나누었습니다.

'대감 죽은 데는 안 가도 대감 말 죽은 데는 간다'고 합니다. 사실 조문은 인간관계 유지와 연관이 있습니다. 사회생활의 연장선에서 조문을 통해 인간관계를 돈독히 하는 경우가 많은 것입니다. 그러나 다른 한편으로 장례식은 떠난 사람이 어떻게 살았는지를 보여주는 장소입니다. 당사자가 죽었으므로 어떤 이익관계와도 무관하게 진실로 망자에게 감사하고 인사하려는 사람들이 참석하는 까닭입니다. 어떤 의무감이나 관계 유지 따위의 의도 없이 망자를 조문하는 행위는 순수한 마음에서 비롯합니다.

할머니의 빈소에 가만히 앉아 오가는 사람들을 보니 문득 잠들어 있던 기억이 깨어났습니다. 저는 군종으로 병역 의무를 수행했습니다. 군종은 군대에서 스님, 목사, 신부의 신분으로 종교 관련 업무를 담당하는 병과입니다. 군종으로 복무하면 장례식에 참석해 장례를 주도하는 경우가 많습니다. 장례의식을 진행하는 입장이다 보니 당연히 실제로 시신을 목격하는 때도 있었습니다.

부대 인근에서 발생한 우연한 사고로 민간인이 사망해 장례식장에 간 적도 있고, 군종 선배가 돌아가셔서 장례식에 참석하거나, 장병 가족이 목숨을 잃어 장례의식을 진행한 적도 있습니다. 그때마다 특히 입관入棺, 즉 시신을 관에 모시는 의례를 행할 때 대개 많은 가족이 힘들어하는 모습을 볼 수 있었습니다.

입관을 진행하면서 저는 말로 표현하기 힘든 경험을 종종 했습니다. 혼자 생각으론 감정을 잘 조절하고 나름대로 침착하게 예식을 진행한다고 여기며 경전을 읽지만, 입에서 나오는 목소리는 의도치 않게 떨리곤 했습니다. 시신의 모습에 위축되었다거나 억지로 슬픔을 참아서 그런 것은 아니었습니다. 물론 차가운 시신을 대하면 절로 몸이 움츠러들게 됩니다.

초기 경전《잡아함경》에서는 "목숨壽과 온기暖, 의식識은 몸身을 버릴 때 함께 버려지며, 그 몸을 버리면 마음이 없어無心 나무나 돌과 같다"고 죽음을 정의하며 '온기'에 대해 언급했습니다. 온기는 생명의 유무를 판가름하는 중요한 요소이지요.

그래서일까요? 가끔 사망한 지 채 몇십 분이 지나지 않은 시신을 접할 때도 있는데, 아직도 어딘가에 남아 있을 육신의 온기가 빠져나가는 순간에 문득 그보다 몇 배나 차가운 서늘함이 느껴지기도 합니다. 마치 잠자고 있는 듯한 육신을 대할 때는 생명이 떠나는 순간의 비정함이 더해져 저 또한 몸을 가누기 힘들었습니다. 그러나 대개의 경우는 사랑하는 이를 잃고 오열하는 유족의 순도 높은 감정이 제 몸에 전염되는 걸 애써 거부하려는 데서 오는 떨림을 이겨내기가 더 힘들었습니다. 의식을 주도하는 입장이라 입관실에서 오열하는 가족과 함께 울 수는 없었습니다. 평정심을 유지하면서 원만하게 예식이 진행될 수 있도록 도와야 하기 때문입니다.

그러나 그런 저도 막상 조문객의 입장이 되면 흔들리는 감정을 어찌할 수 없습니다. 남보다 많은 장례식을 경험했지만, 그렇다고 장례식장 특유의 분위기에 내성이 생길 수는 없는 까닭입니다. 군 생활을 하던 제게 특별히 기억에 남는 장례식이 있습니다. 망자는 제대한 지 한 달이 갓 지난 Y였습니다. Y는 군에 있을 때 제법 열심히 종교 활동에 참여했고 후임들을 잘 보살피는 듬직한 청년이었습니다. 별다른 사건사고 없이 무사히 제대할 날을 며칠 남겨두고 마지막으로 Y와 회식을 할 기회가 있었는데, 이제까지 한 번도 가족사를 말하거나 속내를 드러내지 않던 Y가 그때 꽤 진지하게 자기 이야기를 털어놓았습니다.

Y는 홀어머니 밑에서 컸고 아래로는 어린 동생들도 있었습니다. 가정 형편상 평범한 친구들과 달리 순진한 아이처럼 무작정 떼를 쓸 수 없었던지라 Y는 조금 일찍 철이 들었습니다. 아마 Y가 자기 후임을 살뜰히 보살폈던 이유도 집에 있는 어린 동생들이 눈에 밟혀서였을 겁니다.

오랜만에 밖에서 푸짐하게 차려 먹는 고기에 신이 나서였을까요. 아니면 제대할 날이 코앞으로 다가온 기쁨 때문이었을까요. 뜨거운 불판의 열기에 살짝 달아오른 얼굴로, Y는 저에게 제대하고 나서 카센터에 취직해 기술을 배울 거고 그걸로 어머니를 돕고 자기 학비를 마련해 야간대에도 들어가보겠다고 말했습니다.

그로부터 한 달이 좀 지난 이른 아침, 핸드폰을 보니 Y의 부고 소식을 알리는 문자가 와 있었습니다. 깜짝 놀라 Y를 아는 후임들에게 물어보니 제가 아는 그가 맞았습니다. 부대 업무를 부랴부랴 정리하고 서둘러 장례식장을 찾았습니다. 거짓말처럼 Y의 사진은 영정 사진 액자 속에 담겨 있었습니다. 얼마 전까지 함께 이야기를 나누던 앳되고 젊은 얼굴을 영정 사진으로 보고 있자니 무척이나 어색한 느낌이었습니다.

당황하고 얼떨떨한 느낌으로 사진을 바라보다 장례식장 한쪽에 앉아 있는 Y의 어머니에게 인사를 하러 다가갔습니다.

그때 본 Y 어머니의 눈빛을 정말이지 지금까지도 잊을 수 없습니다. Y 어머니는 바람이 다 빠져버린 풍선처럼 벽에 기대에 힘없이 앉아 있었습니다. "뭐라 말씀을 드려야 할지 모르겠습니다"라고 운을 떼며 위로를 전하려 했지만 부질없는 행동이었습니다. Y 어머니는 제 말을 듣지도, 저를 쳐다보고 있지도 않았습니다. 어쩌면 세상의 어떤 자극에도 반응하지 않으려고 굳게 다짐한 것 같기도 했습니다. 눈을 뜨고 있지만 아무것도 보고 있지 않은, 세상과 이어진 모든 통로를 완벽하게 차단해버린 눈빛이었습니다.

Y 어머니의 눈빛을 본 순간 어쩌면 인간도 전자기기와 유사하지 않을까 하는 생각이 번뜩 들었습니다. 전자기기에 과부하가 걸리면 하드웨어는 셧다운이 됩니다. 힘겨워도 감당할 수 있는 일에는 슬픔과 분노가 일어나지만, 한 인간으로서 도무지 감당할 수 없는 사건이 발생하면 일체의 감정 작동이 중지되고 마는 것 아닐까요. Y는 음주운전을 한 친구가 모는 차의 보조석에 앉았다가 그만 사고로 죽었다고 했습니다.

나의 첫 죽음학 수업

전역 후에도 종종 지인의 장례식에 갔지만 입관에 참여한 적은 없었습니다. 그런데 할머니의 장례를 맞이하게 되면서 전역 후 처음으로 입관식을 참관했습니다. 수의를 단정히 차려입은 할머니의 시신은 깨끗이 닦인 채였습니다. 장례지도사의 진행 아래 입관식이 시작되었습니다. 장례지도사가 마지막으로 고인에게 하고픈 말을 하면서 얼굴을 만져주라고 말했지만, 곁에 선 가족들은 오로지 눈물만 흘릴 뿐 어떤 말도 내뱉지 못했습니다. 할머니의 모습은 여느 시신과 마찬가지로 그저 잠들어 있는 듯했습니다. 생전에 한 번도 만져보지 못했던, 핏기 없는 할머니의 얼굴을 처음으로 쓰다듬었습니다.

할머니의 육신은 서늘했습니다. 세상에 없는 그런 차가움을 도대체 어떤 온도라고 표현할 수 있을까요. 가족들이 번갈아 할머니의 얼굴을 쓰다듬으면서 흘린 눈물이 떨어져 육신에 온기를 조금 더했습니다. 어떤 말도, 어떤 생각도 들지 않았습니다. 그저 고요하고 무거운 공기 안에서 할머니 얼굴에 하얀 천을 덮고, 수의 위에 다시 다른 천을 덮어 감싸는 일련의 행위를 지켜볼 뿐이었습니다. 곧이어 안치실에 모셔져 있던 관이 운구차에 실렸고, 이모들은 그 모습을 보며 다시 한 번 오열했습니다.

발인을 마치고 화장터로 떠나는 날 이른 아침, 장례식장 앞에 여러 대의 운구차가 대기하며 차례를 기다리고 있는 모습이 유달리 기억에 남았습니다. 할머니는 돌아가셨지만 아직 부모님과 다른 가족들은 살아 있고 저도 살아 있습니다. 그러나 결국 머지않아 사랑하는 다른 가족과 저 또한 죽음에 이를 것이고, 우리의 시신을 옮기기 위해 운구차가 저렇게 차례를 기다릴 것입니다. Y와 할머니가 그랬던 것처럼, 우리 중 누구도 자신의 죽음을 피할 수는 없습니다. 우리의 죽음은 어느 순간 저 운구차의 대기 행렬처럼 끊임없이 이어질 것입니다. 지금은 장례식장의 빈객으로 참여하지만, 결국에는 우리의 사진이 빈소의 영정 사진으로 세워지겠죠. 우리는 다만 그때가 언제일지 알 수 없을 뿐입니다.

나의 첫 죽음학 수업

죽음에 대한 마음챙김

"제자들이여. 불사不死의 존재에 이르고 싶은가? 그렇다면 죽음에 대한 마음챙김을 닦아라. 죽음에 대한 마음챙김 명상을 수행하면 큰 복을 받고 불사의 존재에 이를 수 있다."

지금으로부터 약 2,500년 전 인도에서 '고타마 싯다르타'라는 이름을 가진 성인은 이렇게 말했습니다. 죽음을 가까이하는 마음챙김 명상에 죽음을 뛰어넘을 수 있는 방법이 있다고 가르친 것입니다.

마음챙김 명상은 1980년대 매사추세츠의과대학의 존 카밧진 Jon Kabat-Zinn이 마음챙김을 활용해 만든 스트레스 완화 프로그램

MBSRMindfulness Based Stress Reduction을 통해 서양 전역으로 확산되었습니다. MBSR은 미국과 유럽의 병원, 기업, 교도소, 스포츠 팀에서 활용되고 있으며 심지어 로스쿨에서도 필수 교과목으로 채택되었습니다. MBSR은 우울증 같은 심리질환뿐 아니라 건선(피부병), 유방암, 전립선 암 등 만성통증을 유발하는 신체질환에서도 통증과 스트레스를 완화하는 효과를 발휘하고 있습니다.

MBSR은 마음챙김을 현대에 맞게 재구성했지만 사실상 2,500여 년 전의 마음챙김 명상을 그대로 반영하고 있습니다. 그래서 그 기본 태도 또한 '지금, 여기'를 각성해 내가 생각하고 감각하고 있는 대상을 온전히 느끼는 것입니다.

우리는 삶에서 얼마나 많은 시간을 '지금, 여기'에 살고 있을까요. 종종 많은 사람이 불안한 마음을 과거 혹은 미래로 보냅니다. 현재가 힘겨울 때 "난 언제까지 이렇게 살아야 하지? 옛날이 참 좋았는데" 하고 지난날을 떠올리거나 "아! 앞으로 뭐 해먹고 살아야 하나? 앞날이 깜깜하다"라고 탄식하며 알 수 없는 미래에 기탁합니다. 우리가 일상생활에서 흔히 하는 걱정도 이 틀에서 벗어나지 않습니다. '잠깐만, 내가 강아지 밥을 주고 왔나?' '가스밸브를 잠갔나?' '문단속을 했었나?' '이따 가는 곳에 사람이 너무 많으면 어쩌지?' '내일 미팅에서 이야기를 잘할 수 있을까?' 우리는 '지금, 여기'에 있지만, 우리의 몸과 마음은 이처럼 아련한 과거와 막연한 미래를 오가며 여기저기를 방황합니다.

아련한 과거를 생각하면 지금이 우울해지고, 알 수 없는 막막한 미래를 생각하면 현재가 불안합니다. 사실 '지금, 여기'에는 불안도 우울도 없습니다. 그저 생각하고 움직이고 호흡하는 내가 있을 뿐입니다. 책상 앞에 앉아 있는 우리를 CCTV로 관찰해본다면 어떨까요? 겉으로 보면 우리는 그저 가만히 앉아 있을 뿐이지만 우리의 마음은 기뻐했다가도 화를 내고, 우울해했다가도 새로운 흥분으로 가득 찹니다. 마치 원숭이가 여기저기 나무를 옮겨 다니듯 마음은 바삐 움직입니다. 마음챙김 명상은 이렇게 방황하는 우리가 '지금, 여기'에 있음을 깨닫게 해줍니다. 불안과 고통이 지금 여기에는 없음을 알아차리게 하는 것입니다.

그렇다면 죽음에 대한 마음챙김이란 과연 무엇일까요? 말 그대로 죽음을 '마음챙김'하는 것입니다. 저 멀리 있는 듯 없는 듯 보이는 죽음을 마음속에 띄워놓고 우리는 '반드시 죽음에 이를 존재'임을 각성하는 게 바로 죽음에 대한 마음챙김입니다.

어느 날 붓다가 인도의 한 마을에서 제자들에게 죽음에 대한 마음챙김을 어떻게 하고 있는지 물어보았습니다. 한 제자가 말했습니다. "저는 '하루가 지나면 죽음이 나에게 올 것이다'라는 마음으로 명상하고 있습니다." 다른 제자가 말했습니다. "스승이시여. 저는 '낮이 끝나고 해가 지면 나는 죽음에 이를 것이다'라는 마음으로 명상을 하고 있습니다." 또 다른 제자는 이렇게 말했습니다. "저는 '이 한 끼 음식을 다 먹고 나면 나는 죽게 될 것이다'라는 마음으로 명상하고 있습니다." 제자들은 저마다 자신의 방법이 더 절실하다고 강조했습니다.

그런데 이때 다른 제자가 나타나 말했습니다. "스승이시여. 저는 음식을 먹을 때 '나는 이 한 입의 음식을 씹고 삼키면 죽음에 이를 것이다'라는 마음으로 명상하고 있습니다." 다른 제자들이 그의 말에 감탄하는 사이, 마지막으로 어떤 제자가 나타나 말했습니다. "스승이시여. 저는 '숨을 들이쉬고 내쉬는 이 한 호흡이 끝나면 죽게 될 것이다'라는 마음으로 명상하고 있습니다."

제자들의 대답을 모두 들은 붓다는 이렇게 답했습니다. "하루가 지나고 죽음이 온다거나, 낮이 끝나고 해가 지면 죽게 된다고 생각하는 태도는 방일하며, 죽음에 대한 마음챙김을 예리하게 닦지 않는 것이다. 그러나 음식을 한 입 씹고 삼킨 뒤 죽는다거나, 숨을 한 번 들이쉬고 내쉰 뒤 죽음에 이른다는 태도는 절실하고 예리하게 마음챙김을 잘 닦고 있는 것이다."

붓다의 말씀 가운데 '방일'이란 마음을 놓아버리고 포기해버린 것, 쉽게 말해 게으르다는 뜻입니다. 의식 저편에 묻어놓은 죽음을 끄집어내 내 마음속에 띄워놓되, 한 입의 음식을 먹고 난 뒤, 혹은 한 호흡이 끝난 뒤 죽을 거라고 생각하는 태도야말로 죽음을 가까이하는 바른 자세라고 붓다는 설명한 것입니다.

《청정도론Visuddhimagga》에서도 죽음에 대한 마음챙김에 관해 이야기합니다.

"사랑하는 사람의 죽음을 생각하면 슬픔이 일어나며, 증오하는 사람의 죽음을 생각하면 기쁨이 일어난다. 관심 없는 사람의 죽음을 생각하면 어떤 절박함도 일어나지 않는다. …… 만약 죽음에 대한 마음챙김 명상을 하려면 절박함을 가지고 마치 살인마가 내 뒤에서 들이닥치듯, '나에게 죽음이 곧 다가올 것이다'라고 떠올려야 한다."

즉 '절박함'이 가장 중요하다는 뜻입니다. 어떤 일에든 절박함이 필요하겠지만, 죽음이라는 주제를 다룰 때야말로 이 키워드가 절실해집니다.

마음챙김 명상의 기본자세는 '가부좌'입니다. 앉은 상태에서 다리를 교차해 오른쪽 다리는 왼쪽 허벅지 위에, 왼쪽 다리는 오른쪽 허벅지 위에 얹습니다. 그러나 초보자가 이 자세를 취하기는 힘듭니다. 그래서 보통 한쪽 다리만 허벅지 위에 올리고 다른 다리는 밑으로 내리기도 합니다. 이마저도 힘들다면 양반다리를 하고 편안하게 앉으면 됩니다. 이때 허리는 곧게 펴서 척추를 바르게 하고 어깨의 힘은 뺍니다. 팔은 편안히 늘어뜨려 양쪽 허벅지에 살며시 얹어놓습니다. 호흡할 때는 코로 숨을 천천히 들이쉬고 입으로 천천히 내뱉습니다.

신체와 호흡을 정돈한 다음에는 앞서 보았던 것처럼, '나는 숨을 들이쉬고 내쉰 후 한 호흡이 끝나면 죽음에 이를 것이다'라는 마음을 계속해서 챙깁니다. 동시에 정서적으로는 《청정도론》에서 말한 것처럼 마치 살인마가 내 뒤에 나타난 듯한 느낌을 떠올려 절실한 마음으로 임합니다. 또는 각자가 진지하게 죽음을 가까이할 수 있는 방법을 사용해도 좋습니다. 제가 자주 떠올리는 장면은 영화에 자주 나오는 심전도기의 심장 정지 사인입니다. 삑삑거리는 소리가 이어지다가 마침내 '삐-' 하는 시그널과 함께 환자가 죽었음을 알리는 이미지 말입니다. 물론 이밖에 진지하게 죽음을 고민할 수 있는 것이라면 어떤 이미지든 괜찮습니다.

죽음에 대한 마음챙김은 복잡하고 어려운 명상법이 아닙니다. 바른 자세와 호흡, 진지한 마음으로 나의 죽음을 떠올리는 것이 전부입니다. 그러나 말하기는 쉬워도 행하기란 쉽지 않습니다. 비교적 잘되는 경우라면 30초, 보통은 15초 정도가 지나자마자 우리의 마음은 딴 곳을 향해 움직입니다. 한참 딴생각을 하다 '아, 맞아. 나 지금 명상하고 있었지' 하고 깨닫는 경우가 많습니다. 아마도 초심자라면 이런 과정이 수십, 수백 번 되풀이될 겁니다. 자세와 호흡 유지도 중요하지만 무엇보다 중요한 것은 '지금 여기에서 나는 죽음에 이를 것이다'라는, 반드시 다가올 사실을 진지하게 떠올려야 한다는 점입니다. (한마디 덧붙이자면, 노약자나 임산부, 어린이, 우울증을 겪고 있는 사람에게는 죽음에 대한 마음챙김이 맞지 않습니다. 죽음을 떠올리는 행위는 결코 가볍지 않습니다. 그래서 간혹 몸과 마음이 건강하지 않다면 역효과를 볼 수도 있습니다.)

붓다는 죽음에 대한 마음챙김이 우리를 불사不死의 경지에 이르

나의 첫 죽음학 수업

게 할 것이라 말했습니다. 사死는 죽음을 뜻합니다. 그렇다면 불사는 영원히 죽지 않는 상태를 의미할까요? 혹은 죽음의 또 다른 의미가 있을까요? 붓다는 "방일은 죽음의 길이고 방일하지 않음은 불사의 길이니, 방일하지 않는 자는 죽지 않으며 방일하는 자는 죽은 자와 같다"라고 말했습니다. 앞에서 방일은 마음을 놓아버리고 현실에서 떠나버린 상태, 즉 게으른 상태라고 했지만, 방일의 보다 깊은 의미는 '어떤 상태에 갇혀 정신이 마비된 상태'입니다. 또한 '수동적인' '막연히 살아가는' '깨어 있지 않은' 등의 정신적 상태를 의미하기도 합니다. 비록 몸은 깨어 있지만 마음은 깨어 있지 않은 채 살아가는 것, 새로운 꿈도 어떤 의욕도 없이 시간을 흘려보내는 상태가 바로 방일인 셈입니다.

자기 꼬리를 입에 문 우로보로스처럼, 논제는 무한히 반복됩니다. 우리는 삶에서 죽음을 찾고, 죽음에서 삶을 이야기합니다. 결국 죽음에 대한 마음챙김은 단순히 죽음을 가까이하는 것만 아니라, 그 이면에 우리를 깨어 있는 삶으로 인도한다는 더욱 깊은 의미가 담겨 있는 셈입니다.

분노 유발자의 영정 사진 앞에서

뉴스를 보면 분노를 유발하는 사건이 심심찮게 일어납니다. 얼마 전 서울의 한 아파트에서 주민 A 씨에게 지속적인 폭행과 폭언에 시달린 50대 경비원이 '억울하다'는 유서를 남기고 극단적인 선택을 했습니다. 사건의 발단은 경비원이 주차공간을 만들려고 가해자의 차량을 옮기는 데서 시작되었습니다. 경비원의 모습을 본 A 씨는 이유 없이 경비원을 폭행했고 이후에도 여러 차례 "머슴 주제에!"란 폭언과 함께 폭행을 일삼았습니다. 심지어 CCTV가 없는 경비실 내부 화장실에 피해자를 가둬놓고 코뼈가 부러지도록 폭행하기도 했습니다. 평소에 성실히 일하고 주민들에게 친절했던 경비원이 폭행당한 모습을 본 입주민들은 합심해서 A 씨를 고소했습니다. 그러나 A 씨는 도리어 경비원을 명예훼손으로 맞고소했고 괴롭힘도 멈추지 않았습니다. 경비원에게는 딸이 둘이나 있었지만 결국 심리적 압박을 이겨내지 못하고 세상을 떠나버렸습니다. 이 기사를 접한 수많은 네티즌이 분노의 댓글을 달았음은 물론입니다.

나와는 무관한 일에도 우리는 곧잘 분노합니다. 그런데 실제로 만나는 사람이 분노 유발자라면 참아내기가 참으로 힘들 것입니다. 종종 '진상 보존의 법칙'이란 말이 회자됩니다. 직장에서 지속적으로 몰상식하게 나를 괴롭히는 사람이 있어 그만두고 이직을 했습니다. 새로운 근무처에서 마음잡고 열심히 일해보려는데 이전 직장의 캐릭터와 비슷한 사람이 또 있습니다. 이번에는 이를 악물고 참고 버텼고, 고맙게도 얼마 뒤 그 사람이 직장을 그만두었습니다. 이제는 괜찮겠지 했는데 비슷한 부류의 사람이 새로 들어와 또 나를 괴롭힙니다. 어떤 물질이 화학반응을 거쳐 다른 물질로 변화해도 물체의 질량은 항상 보존된다는 '질량 보존의 법칙'처럼, 어디를 가나 진상은 같은 비율로 보존되어 있는 듯합니다.

진상을 만나면 너무나 괴롭습니다. '원증회고怨憎會苦'란 말이 있습니다. 원망하고 증오하는 자와 만나는 것 자체가 고통이라는 뜻입니다. 우리 주위에는 그저 얼굴만 봐도, 목소리만 들어도 심장이 두근거리고 식욕이 사라지게 하는 사람이 반드시 있습니다. 직장 상사, 선후배, 동기, 친구, 심지어 가족까지 다양한 인간관계에서 나이 불문하고 많은 사람이 대인관계 스트레스를 호소합니다. 자살 방지를 위해 한강 다리에 설치된 'SOS 생명의 전화' 상담 데이터를 분석해보니 2011년부터 2020년까지의 자살 상담 전화 8,113건 중 '대인관계 관련 상담'이 2,208건으로 가장 많았습니다. 또한 2019년 자살 시도자 2만 1,545명을 대상으로 조사한 자료에 따르면 자살 동기 중 '대인관계 스트레스'가 '정신적 문제'에 이어 2위를 차지했습니다.

저 역시 스트레스를 유발하는 사람들을 종종 만나왔습니다. 정당한 이유 없이 상습적으로 저를 불쾌하게 만드는 사람과의 싸움은 주로 생각 속에서만 일어납니다. '나는 아무런 잘못도 안 했는데 도대체 왜 저러는 거지. 또 소리 지르거나 막말하면 맞받아쳐야겠다'란 생각을 현실에서는 도무지 실천하기가 힘듭니다. 만약 친구와 싸우게 되면 인연을 끊어야 할 수도 있고, 직장 상사와 싸우면 사표를 낼 각오를 해야 하는 탓입니다.

분노를 유발하는 사람은 쉬는 날에도 머릿속에 불현듯 나타나 우리를 괴롭힙니다. '왜 자꾸 이 소중한 시간에 내 머릿속에 나타나는 거야. 그냥 잊자. 아예 생각을 말자'라고 다짐해도 생각 속 전투는 쉬 끝나지 않습니다.

특히 분노 유발자 때문에 극심한 스트레스를 받는 경우는 24시간 함께 붙어 있어야 하는 경우입니다. 출퇴근하면 집에서나마 잠시 떨어져 쉴 수 있지만 군대처럼 합숙생활을 할 때는 긴장감을 풀 새가 없습니다. 집이라는 곳 또한 마찬가지입니다. 누구보다 서로 아끼고 사랑해야 할 가족 구성원도 분노 유발자가 될 수 있습니다. 저와 친한 동생이 바로 그런 경우였습니다.

동생은 초등학교 때 엄마를 여의고 아빠와 단둘이 살았습니다. 아빠는 거의 매일 술을 먹고 또 매일 밤 동생을 괴롭혔습니다. 술을 마시며 새벽 2시까지 똑바로 앉혀놓고 훈계하거나 이유 없이 때리는 날이 많았습니다. 괴롭힘이 너무 심한 날이면 동생은 밤 늦은 시간에 집 밖에 나가 아빠가 잠들 때까지 기다렸다가 집에 들어가기도 했습니다. 동생은 고등학교를 졸업할 때까지 이런 아버지의 괴롭힘을 견뎌냈습니다. 그리고 아버지에 대한 증오를 품은 채 입대했습니다.

그런데 여기서 하나 살펴볼 것이 있습니다. 우리는 왜 분노를 느끼는 걸까요. 한 연구에 따르면 분노는 '사건 발생 → 1차 평가 → 2차 평가 → 분노'의 인지적 과정을 따릅니다. 분노를 유발하는 사건이 일어나면 우리 내면에서는 '나를 위협하는 건가' 혹은 '나를 우습게 보는 건가'라고 물으며 의미를 부여하는 '1차 평가'가 일어납니다. 뒤이어 '나는 아무런 잘못이 없는데' '억울하다' '저 사람을 응징해야 한다'라는 해석이 일어나는 '2차 평가'가 발생합니다. 이 두 번의 평가가 끝나면 분노라는 감정이 생깁니다.

1차 평가는 사건이 일어난 직후에 발생하는 것으로 불편감이나 불쾌함처럼 비교적 강도가 약합니다. 다시 말해 어떤 욕을 들었을 때는 일단 그것이 욕이라는 것을 파악하고 인상을 찡그릴 뿐이며, 본격적인 해석은 뒤이은 2차 평가에서 이루어집니다. '나는 잘못이 없고, 저 사람의 행위는 비상식적이며, 나는 억울하고 부당한 일을 당했다'라는 생각이 동시다발적으로 터져 나옵니다. 짐작하겠지만 우리의 감정은 이 두 번째 평가를 통해 강도가 세지고 증폭되어 분노 혹은 격노로 발전합니다.

인간에게는 이성과 감정이라는 대표적인 두 가지 마음작용이 있습니다. 이성은 차갑고 논리적입니다. 나에게 전달되는 외부 정보를 내면의 정보를 통해 분석하기만 합니다. 예를 들어 누군가가 나에게 '열여덟'이라는 숫자가 포함된 말을 했습니다. 내 귀를 통해 '열여덟'이라는 숫자가 뇌로 전해지고 정보를 분석합니다. 전달된 말이 특정 숫자이고 한국어로 그 숫자가 욕이라는 해석이 일어납니다. 이성의 역할은 여기까지가 끝입니다. 그러나 이후 내면에서는 감정의 영역이 작동합니다. 만약 숫자가 들어간 한국어 욕을 외국에 나가 현지인에게 한다면 상대방은 어떤 감정도 느끼지 않고 그저 어리둥절해할 것입니다. 우리 마음속에는 이성과 감정이라는 서로 구분되는 마음작용이 있기에 어떤 언어나 몸짓이 전달되면 그것이 무엇을 뜻하는지에 대한 분석, 상황과 인물에 따른 해석, 그리고 감정이 만들어지면서 기쁨 또는 분노가 일어나는 것입니다.

분노가 일어나는 과정을 깨닫고 분노를 조절할 힘을 얻게 되면 삶에서 우리에게 스트레스를 주는 하나의 요소를 제거할 수 있습니다. 그러나 막상 분노 유발자와 맞닥뜨리면 내면을 통제하기가 쉽지 않습니다. 분노 유발자에 대처할 좀 더 현실적인 해결책은 없을까요.

만약 직장 선후배나 친구 중 분노 유발자가 폭언이나 성희롱 같은 범죄를 저지른다면 증거를 수집해 법적 처벌을 받도록 해야 합니다. 그러나 문제는 원칙과 예의, 의리를 들먹이거나 필요 이상의 업무를 강요하며 교묘하게 괴롭히는 경우입니다. 만약 계속해서 마주하는 사람 때문에 괴롭다면 그 사람과 관계를 끝내는 것이 확실한 해결책입니다. 물론 인연을 끊기란 쉽지 않습니다. 힘든 직장생활을 견디기 어려워 몇 번이나 사직서를 내야 하나 고민해도 어느 순간 가족을 생각하면 '조금만 더 참아보자. 조금만 더'란 생각으로 스트레스를 집어삼킵니다. 만약 친구 사이라면 다른 친구들과의 관계 때문에 불편해질 수도 있습니다. 또 가족 중 누군가와의 절연은 지울 수 없는 상처를 남기기 마련입니다. 따라서 결별을 선택하는 것은 다소 극단적인 방법이라 할 수 있습니다.

이보다 좀 더 순화된 방법은 당사자에게 단호하고도 침착하게 내 마음을 전달하는 것입니다. 물론 얼굴만 봐도 심장이 뛰고 흥분이 가라앉지 않는 사람과 차분하게 대화를 하기는 참 어렵습니다. 그러나 그 사람 때문에 삶이 너무나 고통스럽다면 그래도 도전해봐야 합니다. 계속해서 참기만 하면 분노 유발자는 자신의 행위가 나쁘다는 사실을 깨닫지 못하고 괴롭힘을 당하는 사람을 더욱 만만하게 생각할 수 있습니다. 게다가 인간의 인내력에는

한계가 있습니다. 인내의 벽이 무너지면 자기 자신이나 타인에게 더 큰 후회를 남길 선택을 할지도 모릅니다.

그런데 이와 같이 해도 상황이 변하지 않는다면 어떻게 할까요. 그렇다면 둘 중 하나를 선택해야 합니다. 그 사람과 결별했을 때 나에게 일어날 피해를 감수하든지, 혹은 그 상태를 유지하면서 나에게 일어날 피해를 감내하든지. 이 두 가지 가운데 어느 것이 나를 더 고통스럽게 만드는지, 어떤 선택이 나를 편안하게 해줄지 선택해야만 합니다.

물론 보다 근원적인 해결책은 용서와 화해입니다. 그런데 화해는 혼자 하는 것이 아니라 둘이 필요하며 말처럼 수월하지도 않습니다. 이와 달리 용서는 나 혼자서도 가능하며 내 의지에 따라 성사될 수 있습니다.

만약 분노 유발자를 용서할 마음이 쉽사리 들지 않는다면 먼저 그 사람의 죽음을 떠올려보면 좋습니다. 구체적으로는 나를 괴롭혔던 사람이 '영정 사진'에 담긴 모습을 떠올려보는 것입니다.

나를 힘들게 했던 사람이 사망했다는 연락을 받고 고인에게 인사하기 위해 장례식장에 들어갑니다. 향이 사그라지며 드리운 연기가 가득한 공간에 그 사람의 생전 모습이 담긴 영정 사진이 놓여 있습니다. 이때 우리 내면에서는 과연 어떤 감정이 올라올까요.

한때 저에게 지속적으로 스트레스를 주던 사람이 있었습니다. 스트레스가 심해 한동안 불면증을 겪었고 평일이든 주말이든 상상 속에서 그와 온갖 전투를 벌였습니다. '똑같이 폭언을 퍼부어줄까?' '서류를 던지고 이 자리에서 나가버릴까?' 갖가지 상상은 곧 저 사람이 몹쓸 병에 걸려 죽거나 길을 가다 사고나 당했으면 좋겠다는 생각으로 뻗어갔습니다. 그러다 보니 제 마음은 어느새 그 사람의 장례식장에 가 있었습니다. 저는 검은색 정장을 갖추어 입고 저를 괴롭히던 얼굴 앞에서 향을 올리고 절을 했습니다. 그런데 의외였습니다. 그 순간 문득 제 마음속에서 분노가 수그러진 느낌을 받았던 것입니다.

물론 제가 상대방에게 느낀 분노가 한 번에 완전히 사라진 것은 아니었습니다. 현실에서 다시 그를 만나자마자 다시 스트레스를 받아야 했습니다. 그러나 그럴 때마다 기억 속 장례식장을 떠올렸습니다. 여러 번 이 과정을 반복하면서 분노 유발자의 영정 사진을 떠올리니 제 마음속에서 일어나는 화가 조금씩 누그러지는 듯

했습니다.

앞서 말한 동생은 술에 취할 때마다 "엄마가 먼저 떠나지 말고 아빠가 먼저 갔으면……. 엄마가 보고 싶어"란 말을 자주 했습니다. 세월이 흐르고 어느 날 동생에게서 아버지가 돌아가셨다는 연락이 왔습니다. 저는 장례식장에 가서 영정 사진에 담긴 동생의 아버지를 바라보며 빈소를 함께 지켰습니다.

그런데 이제 서른을 훌쩍 넘긴 동생이 최근 들어 이렇게 고백했습니다. "형한테 자주 했던 말 있잖아. 엄마 대신에 아빠를 먼저 데리고 갔어야 했다는 말. 내가 잘못 말한 것 같아." 저는 궁금해졌습니다. 어머니의 죽음과 아버지의 죽음 중 어느 쪽이 더 슬픈지 말입니다. 제가 묻자 동생은 뜻밖의 말을 했습니다. 아빠가 죽은 게 더 슬프다고요. 이유를 설명하기는 힘들지만 이제 서른을 넘겨보니 아버지가 밤마다 왜 술을 먹었는지 그 이유를 알 것 같다고요. "이제야 조금이나마 아빠를 이해하기 시작했어. 아빠 살아 있을 때 지겹도록 먹던 콩자반과 된장찌개가 그리운 거 있지." 동생은 한때 철없이 아버지의 죽음을 바랐던 것이 후회된다고 고백했습니다.

동생이 그토록 미워했던 아버지를 그립게 만든 계기는 무엇일까요. 그것은 바로 아버지의 빈자리, 아버지의 죽음일 것입니다. 만약 동생이 지금과 같은 마음을 가지고 예전으로 돌아가 아버지를 만난다면 얼마나 반갑고 좋을까요. 만약 그때 아버지가 언젠가는 죽을 것임을 알았다면, 단 몇 번이라도 아버지의 죽음을 떠올렸다면 지금의 후회와 그때의 분노가 조금은 더 가벼워지지 않았을까 곰곰이 생각해보게 됩니다.

머릿속에 죽음을 떠올릴 때
찾아오는 변화

내일 당장 죽는다는 생각을 머릿속에 품고 살아가는 사람은 흔치 않습니다. 당장 눈앞에 닥친 빡빡한 스케줄에 치이고, 이번 주에 마감해야 할 산더미 같은 일에 벌써부터 기력을 빼앗기고, 이번 달 통장에서 빠져나갈 카드값을 떠올리는 것만으로도 충분히 팍팍한 삶입니다.

그래도 가끔은 나도 모르게 죽음과 가까워지는 경험을 할 때가 있습니다. 죽음과 관련된 영화나 드라마의 한 장면이 뇌리에 남거나, 사고사의 위험에서 간신히 벗어나거나, 유언장을 써보거나, 장례식장에 방문하는 순간이 그렇습니다. 그리고 이런 경험은 자연스레 '나에게도 죽을 날이 오겠지'란 생각을 하게 만듭니

　　　　　　　　　　　　　나의 첫 죽음학 수업

다. 만약 의식 속에 잠들어 있던 죽음이 깨어나 한동안 머릿속에 머물면 우리 내면에서는 어떤 일이 일어날까요.

대개의 고통스러웠던 경험은 시간이 지나면 잊힙니다. 그러나 잊힌다는 말이 곧 완벽하게 삭제되었음을 뜻하는 건 아닙니다. 괴로운 과거의 경험은 그저 우리의 내면 한구석, 눈에 잘 띄지 않는 곳에 숨겨져 있을 뿐입니다. 만약 일상생활을 하는 중에도 계속해서 과거의 고통이 생생하게 살아 있다면 정상적인 생활을 유지하기 힘들겠지요. 다행히도 본능적인 차원에서 인간은 과거의 경험을 관리하는 장치를 가지고 있습니다. 심리학에서는 이를 '억압repression'이라 부릅니다.

'인간은 모두 죽는다'는 틀림없는 사실 또한 평소에 '억압'되어 있습니다. 사실 일상적인 삶을 유지하기 위해서는 죽음이 적절하게 억압될 필요가 있습니다. 뉴스를 보면 우리를 사지로 몰아넣는 위협이 곳곳에 널려 있습니다. 자동차, 비행기, 엘리베이터, 낯선 사람, 음식, 심지어 안락한 집에 이르기까지, 목숨을 위협하는 수단은 수없이 많습니다. 하지만 그렇다고 일상에서 언제나 위협을 느낀다면 정상적인 생활이 가능할 리 없습니다. 따라서 과도한 긴장상태를 진정시키고 평범한 의식 수준을 유지해주는 장치가 필요한데, 이것이 바로 억압입니다.

그러나 억압은 한편으로 우리 자신까지 속인다는 문제를 낳기도 합니다. 기본적으로 '억압'은 어떤 것이 억압되었는지를 우리 자신도 모르는 상태를 말하기 때문입니다. 특히, '인간은 모두 죽는다'는 사실에 대한 망각은 삶에서 잘못된 가치관을 생산하는 요인이 되기도 합니다. 만약 우리가 그야말로 '곧' 죽게 된다면 무엇을 아쉬워할까요. 조물주 위 건물주일까요. 한강이 보이는 고급 아파트일까요. 고급 승용차나 명품 가방일까요. 자신의 삶이 언젠가는 반드시 끝난다는 사실을 안다면 무엇이 삶에서 가장 중요한 가치가 될까요.

공포 관리 이론Terror Management Theory은 인간이 죽음을 생각했을 때 일어나는 심리적 변화를 탐구합니다. 제프 그린버그Jeff Green-berg, 셸던 솔로몬Sheldon Solomon, 톰 피스진스키Tom Pyszczynski가 대표적인 연구자들입니다. 이들은 '죽음에 대한 공포'가 삶을 움직이는 원동력이며 인간이 겪는 모든 심리현상의 배후에는 죽음에 대한 공포가 깔려 있다고 주장합니다. 인간의 의식적-무의식적 차원에는 '자기 보존 본능'이 끊임없이 작동하는데, 이런 본능이 유지되고 있는 상태란 바로 우리가 죽음을 경계하고 있으며, 죽

음에 대한 공포가 마음 한편에 자리 잡고 있음을 뜻하는 까닭입
니다.

어떤 계기로 자신의 죽음을 각성하게 되면 억압으로 잠가놓았던
잠금장치가 풀리고 죽음이 의식세계로 진입합니다. 죽음이 평범
한 이의 삶에서 중요한 생각거리가 되는 것입니다. 이것을 공포
관리 이론에서는 '죽음 현저성mortality salience'이 일어난 상태라 부
릅니다. '현저顯著'란 또렷하게 나타난다는 뜻입니다. 곧 무의식세
계에 있던 죽음이 의식세계로 나타나 활성화되는 것입니다.

죽음 현저성이 일어나면서 인간은 비로소 죽음을 진지하게 생각
하기 시작하며, 이런 생각은 '나도 언젠가는 죽겠구나'라는 공포
감으로 이어집니다. 그리고 죽음에 대한 공포가 형성되면 내면
에서는 죽음의 위협으로부터 안정감을 얻기 위해 죽음의 공포를
'관리'하기 시작합니다. 그렇다면 우리 내면에는 죽음에 대한 공
포나 불안감을 처리하기 위해 어떤 방어 장치가 내재해 있을까
요? 바로 '문화적 세계관cultural world view'과 '자존감self-esteem' 두 가
지입니다.

문화적 세계관에서 '문화'는 매우 포괄적인 의미입니다. 문화란

자기가 속한 사회에서 전달받고 공유하는 행위 양식을 말하는데, 의식주를 비롯해 언어, 종교, 학문, 예술, 정치, 제도, 윤리, 도덕 등 한 사회를 구성하는 통합적인 체계를 의미합니다. 그리고 '세계관'은 개인의 내부에 형성된 문화적 체계를 바탕으로 외부의 세상을 해석하는, 일종의 '안경'을 뜻합니다. 즉 문화적 세계관이란 한 개인이 어떤 집단 속에서 성장하며 습득한 언어, 풍습, 종교, 사상을 바탕으로 세상을 바라보는 관점입니다.

컴퓨터와 마찬가지로 한 개인에게 말소리나 글자 등으로 특정 언어가 전달되면 내부에 축적된 문화적 데이터를 통해 해석하는 작업이 일어납니다. 만약 누군가에게 욕을 듣는다면 그 말이 어떤 의미인지 해석하게 되고, 이후 이것이 나에게 위협이 되는 상황인지, 그저 장난으로 넘길 상황인지 구별해 조치를 취합니다. 마찬가지로 무의식의 세계에 잠들어 있던 죽음이 의식세계로 진입하면 우리 내면에 저장되어 있던 문화적 세계관이 죽음을 분석하고 해석해 처리하는 작업을 시작합니다. 분석과 해석을 통해 문제 해결 과정을 거치고 나면 죽음에 대한 공포나 불안이 진정되는 것입니다. 이런 점에서 보면 문화적 세계관은 죽음의 공포를 완충하는 기능을 합니다.

그렇다면 종교적 측면에서는 어떨까요. 가족이나 자기 자신이 심각한 병에 걸리면 평소보다 더 기도에 몰두하거나 기도를 잘 하지 않던 사람도 기도를 하는 경우가 있습니다. 신이 구원과 자비의 손길을 내린다고 믿기 때문입니다. 죽음이 임박한 경우, 기도의 불길은 더욱 거세집니다. 다가오는 죽음을 막지는 못해도 사망 후 천국이나 극락에 갈 수도 있다고 여기는 탓입니다. 이때 기도를 하는 이유와 방식, 마음가짐은 당사자가 믿는 종교의 가르침에 따릅니다. 인간은 종교를 통해 죽음을 저지할 수 있고 혹은 육신의 죽음 이후에도 영원한 삶이 있다고 굳게 믿으면서(종교적 세계관을 통해) 죽음의 공포를 누그러뜨립니다.

종교뿐 아니라 윤리나 도덕 또한 죽음의 공포를 관리하는 역할을 합니다. 사람들은 어떤 악인이 죽으면 "남한테 못된 짓을 저지르니 벌 받은 거야"라고 하고, 천수를 누리거나 호상을 당한 누군가에게는 "저 양반은 살아 있을 때 항상 남한테 베푸는 걸 좋아했고 친절했어"라고 말하기도 합니다. 선한 행위가 죽음을 뒤로 미룰 수 있고 악한 행위가 죽음을 앞당길 수 있다는 생각은 죽음이 윤리나 도덕과 연관되어 불안을 완화함을 보여줍니다. 이것이 바로 문화적 세계관이 죽음의 공포를 관리하고 방어하는 방법입니다.

죽음의 공포에 대한 방어를 담당하는 나머지 하나는 '자아존중감'이라고도 불리는 자존감입니다. 지금은 어디서나 쉽게 찾아볼 수 있는 이 말은 1990년대부터 자주 사용되기 시작했습니다. 자존감과 유사한 말인 '자존심'은 '자신을 긍정하는 마음'을 뜻하지만 자신의 행위가 객관적으로 옳고 그름을 떠나 무조건적으로 자신을 긍정하는 태도입니다. 이와 달리 자존감은 자신을 '객관적인 입장'에서 평가하는 태도를 포함해 자신을 존중하는 마음입니다. 자존감은 부정적인 사건의 충격에서 자아를 보호하고, 삶을 주체적으로 이끌어가게 하거나, 대인관계를 원만하게 유지하는 역할을 담당합니다. 따라서 자존감이 높으면 타인에게 비판을 받거나 서로 충돌하는 경우 상대방의 입장을 수용해 원만하게 해결하고, 힘든 일이 생겼을 때 비교적 쉽게 극복하기도 합니다. 반대로 자존감이 낮으면 타인과 쉽게 마찰을 빚고 자기혐오, 우울, 불안, 열등감 등 부정적인 심리에 지배당하죠.

자존감은 유아기부터 가족과 사회 안에서의 지속적인 경험을 통해 만들어집니다. 특히 부모와의 관계가 자존감 형성에 큰 영향을 줍니다. 그리고 한 개인이 계속해서 성장하면서 부모를 비롯한 가족, 학교, 지역사회, 국가 등 자신이 속한 문화권 속에서 점차 완성되어갑니다. 자존감이 그가 소속된 문화적 테두리 안에서 만들어진다는 점은 결국 자존감 또한 문화적 세계관과 밀접하다는 사실을 의미합니다. 따라서 공포 관리 이론에서는 자존감이 문화적 세계관과 함께 죽음의 공포를 누그러뜨리는 역할을 맡는다고 말하는 것입니다.

자신의 죽음을 각성하면 죽음에 대한 공포나 불안이 엄습하고 이후 '자존감'과 '문화적 세계관'이라는 방어체계가 등장합니다. 공격을 안정적으로 방어하려면 당연히 방어체계가 견고해야 하죠. 죽음이 현저해질수록 자존감과 문화적 세계관도 강화됩니다. 따라서 죽음이 현실로 다가오면 한 개인은 종교 활동이나 도덕적 행위를 통해 자신의 문화적 세계관을 공고히 하고 문화적 테두리 안에서 '안정성'을 부여받습니다. 또한 자존감은 낮아지는 게 아니라 증가하는 방식을 택해 강화됩니다. 문화적 세계관 고수와 자존감 증가는 죽음의 위협으로부터 삶을 안정적으로 유지하기 위한 불안 완충 작용을 하는 셈입니다.

공포 관리 이론에 따르면 죽음에 대한 사유는 문화적 세계관과 자존감을 작동시키며 이로써 내면에 긍정적인 변화가 일어나도록 유도합니다. 이와 관련한 예로는 품라 고보도Pumla Gobodo의 연구(죽음에 대한 각성이 화해, 용서, 타인과의 공존을 중시하는 태도를 증가시켰다)와 매튜 갤리엇Matthew Gailliot의 연구(자신의 죽음에 관한 에세이를 작성한 후 인종적 편견이 감소했고 타인에 대한 선행을 중시했다)가 있습니다. 에바 요나스Eva Jonas의 연구(죽음에 대한 자각이 자선행위를 증가시켰다), 케네스 베일Kenneth Vail의 연구(죽음에 대한 사유가 외면적 가치보다 내면적 가치를 중시하게 했다)도 같은 맥락에 놓여 있습니다.

우리는 평소 어떤 음악, 드라마, 연예인, 게임, 스포츠 등에 자주 관심을 갖습니다. 이런 것들은 곧 생각의 대상이 됩니다. 언제 어디서나 문득 혹은 진지하게 머릿속에 떠올리는 것들입니다. 그러나 죽음은 그렇지 않습니다. 우리에게 죽음은 늘 멀리 떨어져 있어야 할 것만 같습니다. 그런데 꼭 그래야 할까요.

죽음을 평소 즐겨 생각하는 하나의 주제로 삼으면 놀랍게도 긍정적인 변화가 일어날 수 있습니다. 죽음을 가까이 두고 정기적으로 생각하기만 하면, 의식하지 않아도 거의 자동적으로 우리 마음에 내장되어 있는 장치가 작동하기 시작합니다. 우리의 무의식이 죽음을 해석하고 처리하는 과정에서 문화적 세계관이 강화되고 자존감이 상승합니다. 또한 종교심이나 도덕성이 강화되면서 타인과 조화를 이루려는 쪽으로 변화합니다. (시한부 환자처럼 강제적으로 죽음과 가까워진 상태나 자살 같은 왜곡된 방식으로 죽음과 가까워지는 경우는 물론 조금 다릅니다.)

공포 관리 이론은 적어도 심신이 건강한 상태에서 죽음을 떠올리면 우리에게 놀랍고도 긍정적인 변화가 일어날 수도 있음을 강력하게 시사합니다. 내일 내가 죽는다는 생각을 하면 지금 내 삶에서 중요한 것이 무엇인지 돌이켜보고, 오늘 남은 시간을 보람 있는 무언가로 채우고 싶어집니다. 물론 그것이 무엇이 될지는 오롯이 각자의 선택에 따른 결과입니다. 그러나 당신이 선택한 그 무언가는 분명히 어제 당신이 그렇게도 원했던 것들과는 다를 겁니다.

공포와 불안이 말해주는 것

죽음을 생각하면 어떤 이미지가 떠오르는지 물으면 간혹 '평화'라고 대답하는 사람을 만납니다. 마치 잠들어 보이는 듯한 시신의 모습을 연상하면서 죽음이 영원한 휴식 같다고 생각하는 것입니다. 하지만 일반적으로 죽음을 대표하는 이미지는 '공포' 그리고 '불안'입니다. 우리는 왜 죽음을 공포스럽고 불안하다고 느낄까요? 나아가 우리는 왜 공포와 불안을 느껴야 할까요?

사실 우리가 느끼는 죽음의 공포에도 여러 종류가 있습니다. 우선 손꼽을 수 있는 것은 바로 '고통에 대한 공포'입니다. 고통은 육체적 통증을 말합니다. 통증에는 욱신거리는, 타는 듯한, 쏘는 듯한, 찌르는 듯한 감각이 있고, 기간에 따라 급성 통증이나 만성 통증으로 나뉩니다. 또한 통증은 단순히 육신을 자극하는 데만 그치지 않고 우울증, 수면장애, 식욕부진 등 여러 질환까지 수반합니다. 아마도 죽음이 공포스러운 대상이 되는 이유는 그것이 지독한 육체적 고통을 수반하기 때문일 겁니다.

죽음과 관련된 다른 종류의 공포에는 '고독에 대한 공포'가 있습니다. 다시 말해 자기 혼자 죽음 속으로 걸어 들어가야 한다는 공포입니다. 입대, 실연, 이혼, 불합격, 파산 등 우리가 세상을 살아가며 겪는 고난은 사실 각자가 홀로 감당해야 하기 때문에 공포스럽기도 한 것이죠.

군에 입대하면 첫날 밤이 참 괴롭다고 합니다. 저도 예외는 아니었습니다. 입대 첫날 정신없이 하루를 보내고, 밥인지 그저 물질인지 모를 저녁밥을 씹어 삼킨 뒤 밤이 되어 카키색 담요를 덮고 처음 보는 사람들 사이에 누워 눈을 감으니 가족과 친구들의 얼굴이 떠올랐습니다. 어제까지만 해도 편안한 내 방에서 잤는데, 어느새 낯선 곳에서 낯선 사람들과 누워 있었습니다. 밤이 되면 마루에서 새어나오던 TV 뉴스 소리, 낡지만 포근했던 제 방 침대가 그렇게 그리울 수 없었습니다.

죽음은 동시에 함께 겪는 일이 아니라 개개인이 각자 다른 시간들 속에서 혼자 겪어야 할 몫입니다. 가족이나 친구도 그 고통을 동시에 함께 공유할 수 없습니다. 죽음은 오롯이 혼자서 감당해야 합니다. 그 경험은 누구에게나 처음이자 마지막이며, 한번 가버린 자는 다시 돌아오지 않습니다. 그런 까닭에 그 누구도 죽음이 확실하게 어떤 것이며 그곳으로 들어가면 이런저런 일들이 일어나니 조심하라고 말해줄 수 없습니다. 이는 마치 칼을 든 살인자가 어딘가에 숨어 언제 급작스레 덮칠지 모르는 어두컴컴한 공간을 '홀로' 걸어가는 듯한 두려움을 자아냅니다.

죽음과 관련해 '고독'뿐 아니라 '인간의 존엄성을 잃는 것'에 대한 공포도 빼놓을 수 없습니다. 말기 암환자들의 경우 항암치료가 진행될수록 몸이 몹시 야위게 됩니다. 불과 몇 개월 전까지만 해도 삼시 세끼 잘 챙겨 먹었는데 멀건 흰죽을 삼키기만 해도 모두 토해버립니다. 몸이 멀쩡할 때는 외출하기 전 항상 거울을 보며 단장을 했는데 병세가 악화된 뒤 거울을 보면 피골이 상접하고 머리는 거의 다 빠져버린, 내가 아닌 다른 이의 모습이 나를 쳐다보고 있습니다. 배변도 스스로 처리하지 못해 기저귀를 차고 다른 이의 도움을 받아야 합니다. 유아기를 지나 성장하면서 혼자 밥도 먹고 배변도 가릴 줄 알게 되고, 또 성인이 되어 직업도 얻고 가족도 꾸리며 나름 인간으로서의 품위를 지켜왔건만, 이제는 다시 갓난아이로 돌아간 듯 타인의 손길을 기다리며 나의 치부를 보여주어야 합니다. 이런 경험은 한 인간으로서의 존엄성을 손쉽게 파괴해버립니다.

공포와 비슷하게 죽음을 대표하는 다른 이미지로는 불안이 있습니다. 사실 공포와 불안은 모두 불쾌하고 두려운 감정이 담겨 있는 말로, 이 둘을 명확하게 구분하기는 쉽지 않습니다. 심리학자 폴 웅Paul Wong은 공포란 그것을 불러일으키는 원인을 구체적으로 파악할 수 있는 경우(귀신, 동물 등)를 말하며, 불안은 정확히 어떤 것이 원인인지 명확하게 알 수는 없지만 마음이 안정되지 않고 두려운 상태라고 말합니다. 공포는 강렬한 느낌이고 불안은 무언가 초조한 상태의 정서입니다. 좀 더 쉽게 비유하자면 공포는 내 눈앞에 귀신이 등장해 나를 노려보고 있는 상태이고 불안은 왠지 귀신이 나올 것 같은데 아직 나타나지는 않은 상태라고 말할 수 있을까요. 정확하게 구분하기는 어렵지만 미묘한 차이가 있습니다.

죽음과 관련한 불안에도 몇 가지 종류가 있습니다. 먼저, 죽어가는 자신이 '가족에게 부담이 될 것이라는 불안'이 있습니다. 우리나라에서는 2018년부터 '연명의료결정법'이 시행되고 있습니다. 이는 다시 살아날 가능성이 없는 환자가 무의미한 연명치료를 받지 않을 수 있도록 법적으로 보장하는 제도입니다. 임종 과정에 있는 환자에게는 심폐소생술, 혈액 투석, 항암제 투여, 인공호흡기 부착 등의 시술을 하는데, 사실상 이런 행위는 치료나 회복보다는 단순히 임종 기간만을 연장하는, 말 그대로 부질없이 '연명延命'만 하는 시술입니다. 당사자가 정신이 온전할 때 미리 '사전연명의료의향서'를 작성해두면 이 같은 연명치료를 거부할 수 있습니다.

연명의료결정법에서 중요한 것은 비용입니다. 연명 시술을 하면 길게는 몇 개월 짧으면 며칠 혹은 극단적인 경우 몇 시간밖에 더 살지 못합니다. 그러나 시술 이후 가계에서 감당해야 하는 금액은 만만치 않습니다. 물론 환자의 가족은 환자가 단 하루라도, 단 몇 시간만이라도 살아 있기를 바라지만 형편이 넉넉하지 못한 가족에게 부담을 주고 싶어 하는 환자는 드물 것입니다. 무엇보다 환자는 매 순간 반복되는 고통에서 벗어나길 바랄 수도 있으며, 또 연명 시술로 환자의 의식이 돌아오리라는 보장도 없습니다. 임종臨終, 다시 말해 육신이 죽음을 향해 치달아가는 과정에서 남은 가족에 대한 걱정은 불안이란 감정으로 변환되어 환자의 가슴

속에 간직되어 있습니다.

두 번째 불안은 사후세계가 '미지의 영역'이라는 것에 대한 불안입니다. 죽음 이후에 나에게 어떤 일이 일어날지, 언제 끝날지 모르는 고통을 감내하며 죽음까지 이르렀는데 더 큰 고통이 기다리고 있는 것은 아닐지, 죽음 이후에는 어떤 세계가 펼쳐질지, 말 그대로 '미지未知', 죽기 전까지 '아직' 아무것도 알 수 없다는 사실이 불안감을 불러일으킵니다.

죽음 이후의 세계는 인간에게 늘 궁금증을 불러일으켜왔습니다. 사실 환생, 천국, 지옥 등은 거의 모든 종교에서 다루는 주제입니다. 종교적 가르침에 따르면 생전에 돈을 기부하는 행위, 독립투사처럼 타인을 위해 자신의 목숨을 희생하는 행위, 혹은 염불이나 묵상과 같은 종교적 수행, 또는 성전에 있는 신의 말씀을 온전히 따르는 행위 등은 사후 극락이나 천국에 드는 조건이 됩니다. 반면에 이간질, 도둑질, 성범죄, 살인 등 악행을 저지른 자는 내생에 자신이 한 행위를 똑같이 당하거나 지옥에 떨어지게 됩니다.

생전에 자신이 했던 나쁜 행위 때문에 사후에 심판을 받을 것이라는 걱정은 죽음에 대한 대표적인 불안입니다. 몇 년 전 국내에서 〈신과 함께〉라는 영화가 큰 인기를 끌었습니다. 영화는 1편과 2편으로 나뉘어 개봉했는데 두 편 모두 연이어 관람객 천만 명 돌파라는 기록을 세웠습니다. 영화는 화재 현장에서 한 소녀를 구하다 사망한 소방관 자홍이 저승의 심판을 받으러 저승사자들과 동행하는 이야기로 시작됩니다. 저승사자는 주인공에게 업경業鏡, 즉 생전에 자신이 지은 업을 보여주는 거울을 비추며 그의 행위를 낱낱이 밝힙니다. 자홍은 살인지옥, 나태지옥, 거짓지옥 등을 통과하며 그가 내생에 어떤 곳에 태어날지 판결을 받습니다.

특히 제 기억에 남는 장면은 나태지옥에 대한 묘사였습니다. 나태지옥은 생전에 게으른 사람이 사후에 가게 되는 곳입니다. 이곳은 섬이며 섬 밖으로 빠진 사람들은 인면어에게 뜯어 먹힙니다. 섬 중심부에는 거대한 돌기둥이 있는데 이 돌기둥에 프로펠러 같은 모양의 큰 돌기둥 3개가 연결되어 끊임없이 땅을 굴러가며 뱅뱅 돕니다. 돌기둥 사이에 놓인 사람들은 단 몇 초도 쉬지 못하고 계속해서 뛰어야 합니다. 뛰지 않으면 돌에 깔려 처참하게 죽고 섬 밖으로 나가면 인면어에게 잡아먹힙니다.

제가 게으르기 때문에 나태지옥의 장면이 특히 기억에 남은 것일까요. 지금도 부지런하다고 자신 있게 말할 자신은 없지만, 사실 대학을 졸업할 때까지 저는 참 게을렀습니다. 시험이나 과제는 항상 기한이 닥쳐서야 꾸역꾸역 했고 방학 때 아르바이트를 해서 등록금에 보태거나 해외에 배낭여행을 간 적도, 내세울 만한 취미생활을 한 적도 없습니다. 매일 친구들과 술을 마시거나 게임을 하거나 만화책을 보다 새벽 3시가 다 되어 잤고 점심 즈음 일어났지요. 시간을 촘촘히 쓰는 친구들을 보며 '나도 저렇게 살아야지'란 생각을 하면서도 계속해서 같은 잘못을 반복했습니다. 그래서 지금도 가끔 추진하는 일이 잘 안 풀릴 때면 '내가 과거에 게으르게 지냈던 죗값을 받고 있는 건가'라는 생각이 듭니다. 건강하고 무탈할 때는 잘 떠오르지 않지만 거듭되는 실패와 좌절 앞에서는 누구나 지난날의 잘못이 떠오를 것입니다. 그리고 그런 잘못이 우리를 불안하게 합니다.

지옥은 단순히 극악 범죄를 저지른 자들만 가는 곳이 아닙니다. 타인에게 선의를 베풀지 않고 이기적으로 산 사람이 가는 도산지옥(칼로 된 끝없는 길을 맨몸으로 걸어 다니는 곳), 누군가를 이간질하고 헐뜯은 사람들이 가는 발설지옥(혀를 뽑아내어 짓이겨 넓게 편친 다음 소로 쟁기질을 하는 곳) 등 현실에서는 법적으로 처벌받지 않았지만 도덕적으로 바르지 않게 산 자들 또한 사후에 지옥에 떨어져 벌을 받습니다. 일종의 신화 같은 이런 상징은 건강할 때

나의 첫 죽음학 수업

는 신경 쓸 대상이 아니지만 삶을 얼마 남겨두지 않은 사람에게는 불안의 대상이 될 수 있습니다.

그렇다면 왜 우리는 죽음을 공포와 불안의 대상으로 바라보게 되는 걸까요. 그리고 왜 우리는 이러한 공포와 불안을 느끼는 걸까요. 공포와 불안은 나쁘기만 한 것일까요.

정신분석학의 창시자 지그문트 프로이트Sigmund Freud는 인간이 불안과 공포를 느끼는 이유는 생존본능 때문이라 말합니다. 일상의 삶에서 위험에 부닥쳤을 때 공포와 불안의 감정이 일어나고, 이는 자신의 생존을 위한 판단(공격할 것인가, 도망갈 것인가) 근거가 된다는 것이죠. 공포나 불안은 인간의 감각과 주의력을 예민하게 끌어올림과 동시에 근육에 신호를 보내고 신체의 운동성을 증가시켜 앞으로 닥칠 상황에 대한 행동을 준비하게 합니다. 다시 말해 불안이나 공포는 나의 생존을 위한 레이더이며 이 레이더에 적이 포착되면 우리의 몸과 마음은 싸울지 퇴각할지를 판단하는 것입니다.

이렇게 보면 죽음에 대한 공포나 불안은 바로 나에게 닥친, 혹은 닥칠 위험을 회피할 수 있도록 경고하는 장치인 셈입니다. 사실 갑작스러운 사고의 원인이 '부주의' 탓인 경우도 있습니다. 무단 횡단으로 인한 사고, 건설 현장의 낙사 혹은 폭발 사고, 운전 중 스마트폰 사용으로 인한 사고, 높은 곳이나 물가에서 무모한 행동을 하다 사망하는 사고 등이 그렇습니다. 이때 공포나 불안이 작동하면 우리의 주의력을 '각성'시켜 현재의 위험을 살피게 합니다.

다시 말해 공포와 불안은 단순히 우리를 괴롭히기만 하는 부정적인 것 혹은 인간 존재의 결함이 아닙니다. 우리를 죽음으로부터 보호하기 위해 내장된 장치이죠. 그렇다면 인간이 가진 공포와 불안의 역할은 생존을 위한 도구에만 한정될까요.

폴 웅은 죽음이 미지의 세계에 대한 두려움으로 표출되는 마음의 이면에는 생전에 자신이 저지른 잘못에 대한 속죄 혹은 구원의 기회를 잡고 싶은 의도가 깔려 있다고 말합니다. 살아오며 지은 잘못을 딱히 반성하지 않고 지내왔는데 자신이 죽음과 가까워지게 되면 사후 문제에 대한 불안과 공포심이 일어납니다. 이때 불안과 공포의 정서는 죽음이 남의 것이 아닌 나의 것임을 자각시키고, 그동안의 삶을 돌아보게 만듭니다.

나의 첫 죽음학 수업

이러한 일련의 심리 과정이 공포와 불안에서 시작되었다는 것은 바로 불안과 공포가 인간의 잘못을 성찰하는 '계기'임을 뜻합니다. 이런 측면에서 보면 불안과 공포의 또 다른 역할은 바로 자신이 했던 행위를 불러일으키는 것, 즉 '환기喚起'입니다.

죽음 곁에 매달려 있는 공포와 불안은 막연하고 습관적이며 안일하고 무감각한 삶의 태도 사이를 파고들어 비상벨을 울립니다. 마치 영화 속 장면처럼 공포스러운 상황에 짓눌려 옴짝달싹 못하는 사람에게 혹은 넋이 나가 멍하니 있는 사람에게 뺨을 때려 정신이 바짝 들게 하는 존재가 바로 공포와 불안인 것입니다.

죽음의 수하인 공포와 불안은 멍하니 앉아 있던 우리의 마음을 환기합니다. '나는 죽게 될 것이다' 혹은 '사랑하는 사람들도 죽을 것이다'란 생각은 공포와 불안을 일으킵니다. 그리고 이 공포와 불안은 사랑하는 사람들, 내가 삶을 살아가는 이유, 나의 꿈, 지난 날의 과오에 대한 참회를 불러일으키는 원동력이 됩니다. 이렇게 보면 죽음의 공포와 불안은 마치 동전과도 같다고 할 수 있습니다. 앞면은 두렵고 무서운 형상을 띠고 있지만 뒷면은 생명의 존속과 마음의 전환이란 모습을 하고 있는 것입니다.

세상 모든 것에는 동전의 양면과 같은 속성이 있습니다. 오해와 이해, 사랑과 미움, 장점과 단점도 모두 그러합니다. 심지어 '나'라는 개별 존재 또한 그런 속성에서 자유롭지 않지요. 우리가 여기서 죽음을 이야기하면서 동시에 삶에 대해 생각해보는 것도, 바로 삶과 죽음이 동전의 양면이라는 속성을 가장 명확하게 드러내는 근거가 아닐 수 없습니다. 그리고 이러한 사실은 우리가 죽음을 들여다보는 이 여정에서 처음부터 끝까지 곰곰이 되새겨보아야 할 중요한 주제라고 할 수 있습니다.

고난을 마주하는 태도

2003년 한 방송에서 시각장애인 아빠가 육아를 하는 모습이 방영되었습니다. 아빠는 선천성 백내장으로 앞이 보이지 않았지만 청각과 촉각에 의지해 아내 없이 홀로 자식을 보살폈습니다. 아이에게 먹일 분유를 탈 때는 분유 가루를 흘리기 일쑤였고, 목욕을 시킬 때도 서툴러 아이는 매번 자지러지게 울었습니다. 팍팍한 집안 형편을 말해주는 듯 썰렁한 방 안에는 변변찮은 장난감도 없었습니다.

PD와 인터뷰하면서 아빠는 이렇게 말했습니다. "누가 내 눈을 고쳐주면 얼마나 좋을까요. 다른 건 모르겠고 우리 아들이 어떻게 생겼는지 보고 싶어 그래요." 아빠는 아이를 안은 채 아이 손을 자기 얼굴에 갖다 대며 울었습니다. "애한테 너무 미안해요. 내 못난 걸 닮게 해서요." 아이 또한 아빠처럼 선천적 장애로 인해 세상을 볼 수 없었던 것입니다. 시각장애를 가진 아빠와 아들은 서로의 소리와 감촉에만 의지한 채 뚜벅뚜벅 세상을 걸어나가고 있었습니다.

그런데 얼마 전 〈맹인 아빠 육아일기 16년 후〉라는 방송에서 그들의 모습을 다시 볼 수 있었습니다. 많은 이의 후원 덕분에 다행히 아들은 인공수정체 삽입 수술을 받아 오른쪽 시력을 되찾았고 여느 청소년들과 다름없이 잘 자랐습니다. 화면은 아들이 받은 장학증서와 학력 우수상 등 아들이 올바르게 성장하고 있음을 말해주는 증거로 가득했지요.

방송에서 아빠와 아들은 나란히 앉아 16년 전의 영상을 함께 보았습니다. 아들은 눈이 보이지 않는 아빠가 자신을 따듯한 표정으로 바라보며 비행기를 태워주며 놀아주는 모습, 자신이 눈 수술을 하러 들어가기 전 눈물을 흘리는 모습을 물끄러미 바라보았습니다. 잠시 후 아들의 보이지 않는 왼쪽 눈에서 눈물이 흘러나왔습니다. 담당 PD가 "아버님, 아드님이 눈물을 흘리고 있어요"라고 알려주자 그제야 아빠는 "다 커놓고 왜 울어" 하며 어깨를

다독였습니다.

방송 말미에서 아들은 이렇게 고백했습니다. "아버지는 어렸을 때부터 도움을 받은 만큼 남에게 갚는 사람이 되라고 말했어요. 저도 이렇게 도움을 받은 만큼 저보다 더 힘든 사람을 돕는 사람이 되고 싶어요."

그 장면을 보던 저는 과연 시각장애인 아빠와 아들의 삶에서 장애라는 고난은 어떤 의미였을지 궁금해졌습니다.

삶에는 여러 고난이 있습니다. 어느 정도 시일이 지나면 잊히고 마는 고난도 있겠지만 개인의 힘으로는 도저히 감당키 힘든 고난도 있을 것입니다. 짐작했겠지만 죽음이라는 것도 우리가 겪는 고난의 하나입니다. 그런데 이 죽음이라는 고난을 대하는 태도가 매우 중요합니다.

심리학자 폴 웅에 따르면 죽음에 대해 덜 불안해하거나 망각하는 게 좋은 태도가 아니라, 편안하거나 익숙한 것처럼 잘 받아들이는 태도가 건강한 심리입니다. 인간이 죽음을 마주하는 태도에는 세 가지 종류가 있습니다. 그중 첫 번째는 죽음을 '도피적으로 수용escape acceptance'하는 태도입니다. 삶이 괴롭고 비참할 때, 어떠한 탈출구도 보이지 않을 때 죽음을 해결책으로 삼는 식입니다. 특히 자살을 결심한 사람들에게서 죽음에 대한 도피적 수용의 태도가 나타납니다. 그들에게는 아마도 삶에 대한 두려움이 죽음에 대한 두려움보다 더 클 것입니다.

얼마 전 한 국가대표 여자 선수가 자살한 사건이 있었습니다. 그녀는 수년간 소속팀의 감독, 팀닥터, 선배 선수들에게 여러 가지 형태의 폭력을 당해왔지만 모두 그녀를 외면했습니다. 관련 기관에 진정서를 제출해도 소용이 없었습니다. 심지어 가해자들에게 도리어 신고 사실을 알리기까지 했습니다. 어쩌면 그녀가 자살을 결심한 결정적 이유는 가해자들을 처벌하고 자신을 구해줄 사람이 이 세상에 없다고 생각했기 때문일지 모릅니다. 자신의 억울함을 알리고 괴로움을 멈출 수 있는 수단은 오로지 죽음밖에 없었던 것입니다. 삶이 고통스럽고 어떠한 해결책도 보이지 않는 경우 죽음은 대개 마지막 남은 수단이 됩니다. 죽음을 도피적 수단으로 마주하는 태도는 죽음을 긍정하거나 좋아하는 게 아니라 삶을 부정하는 자세이며, 살아가기가 죽기보다 더 싫은 경우인 것입니다.

두 번째 태도는 죽음을 '접근적으로 수용approach acceptance'하는 것입니다. 이는 죽음을 정면으로 받아들이는 것이 아니라 죽음이 우리가 다른 어떤 곳으로 가기 전 거치는 관문 같은 것이라고 생각하는 태도입니다. 접근적 수용의 대표적인 예로는 천국처럼 '죽음 이후의 삶은 행복한 세상'일 것이라는 믿음을 꼽을 수 있습니다.

내세의 낙원에 대한 믿음은 거의 모든 종교에 존재합니다. 이슬람교에서 천국은 '잔나Jannah'로 불립니다. 현세에서 신을 철저히 믿고 선행을 행한 사람들은 사후에 잔나에 태어납니다. 이슬람 경전 《코란》에는 낙원에 대한 묘사가 전해집니다. 잔나에 태어난 사람들은 끝없이 맑고 투명한 물이 솟아나는 샘 주위의 푸른 나무 그늘에 편안히 누워 시중을 받습니다. 그리고 이 낙원에서 온갖 종류의 맛있는 음식과 술을 마음껏 마시며 영원히 어떠한 근심도 없는 삶을 살게 됩니다.

잘 알고 있듯이 기독교에서 천국은 '에덴동산' 혹은 '새로운 예루살렘'으로 표현되는데 〈요한계시록〉에 이 새로운 예루살렘에 관한 내용이 있습니다. 생전에 신에 대한 올바른 신앙심을 가진 사람과 바르게 산 자들이 가게 되는 이상의 도시인 이곳에는 12가지 보석으로 장식된 성벽으로 둘러싸인 순금으로 만들어진 마을이 있습니다. 12개의 진주로 만들어진 문과 하나님의 옥좌에서 흘러나오는 생명수가 흐르는 강이 있고, 강의 양편에는 달마다 12종의 열매가 맺힙니다.

불교에도 물론 천국과 유사한 세계인 '극락極樂'이 있습니다. 극락은 말 그대로 '더없는極' '즐거움樂'의 세계입니다. 생전에 지극한 마음으로 염불하면 사후에 여러 불보살이 사자死者를 맞이하러 오고, 사자는 극락세계의 연꽃 속에서 환생합니다. 극락세계의 나무에는 온갖 종류의 보석이 달려 있고 바람이 불면 보석들이 부딪혀 아름다운 음악을 만들어냅니다. 새가 날아다니며 지저귀는 소리는 붓다의 법문입니다. 땅은 푹신하며 음식과 화장실 등은 마음속에 떠올리기만 하면 눈앞에 나타납니다. 이곳 극락에 한번 태어나면 다시는 인간으로 환생하지 않습니다.

이렇듯 죽음에 대한 접근적 수용의 태도에는 죽음은 끝이 아니며 사후에 새로운 세상이 펼쳐질 것이라는 희망이 담겨 있습니다. 이런 관점에서 죽음은 괴로운 현실과 행복한 내세를 연결하는 '문'일 뿐입니다.

마지막으로 죽음을 '중립적으로 수용neutral acceptance'하는 태도가 있습니다. 중립은 '어느 한쪽에 치우치지 않고 공정하다'라는 뜻입니다. 따라서 중립적 수용의 태도는 죽음을 도피 수단이나 현실을 초월하는 이상세계의 관문으로 받아들이는 게 아닙니다. 또한 죽음을 두려워하거나 환영하는 것도 아닙니다. 죽음을 탄생이나 삶 같은 자연의 동등한 일부로 받아들이는 태도가 죽음에 대한 중립적 수용을 의미합니다. 다시 말해 있는 그대로의 죽음을 정면으로 받아들이는 자세입니다.

군종으로 군 복무를 할 때 종종 부대 인근의 복지시설에서 봉사 활동을 한 적이 있습니다. 군종의 주요 임무 중 하나는 상담인데, 저는 부대 근처의 호스피스 병동에서 말기 환자들과 상담을 했습니다. 말이 상담이지 당시 나이도 그리 많지 않았고 인생 경험이나 공부도 부족한 터라 그저 사람들의 이야기를 들어주고 종교적 구절을 드문드문 말씀드릴 뿐이었습니다. 호스피스 병동에서는 특히 루게릭병 환자들과 대화할 기회가 많았습니다. 루게릭병에 걸리면 초기에는 근육이 떨리는 것으로 시작해 말기에는 근육과 관절이 경직되어 혼자 침대에서 돌아누울 수조차 없게 됩니다. 환자들 옆에는 큼지막한 인형이나 베개가 놓여 있었는데 병상에서 오래 누워 지내다 피부가 짓눌려 욕창이 생기는 것을 방지하기 위함입니다.

이곳에서 제가 만난 환자 가운데 유달리 피부색이 뽀얗고 눈빛이 초롱초롱한 할머니가 있었습니다. 병이 많이 진행되어 하반신을 아예 움직일 수 없는 상태였지만 할머니에겐 왠지 모를 편안함이 느껴졌습니다. 별다른 생각 없이 다른 환자들에게 하던 대로 얼마나 힘드시냐고, 곧 좋아지실 거라고 위로를 건네자 할머니는 환자가 내는 목소리라고는 상상할 수 없을 만큼 밝은 어조로 이야기했습니다. "이제까지 자식들도 다 잘 키워 시집 장가까지 보냈고 손주도 봤어요. 여한이 없네요."

사실 노인층은 인간 삶의 주기에서 죽음과 가장 근접해 있다고 볼 수 있습니다. 그런 까닭에 다른 연령층보다 죽음에 대한 공포를 더 많이 느끼고, 가까운 이들의 죽음을 더 자주 접하는 탓에 자기 자신의 죽음도 머지않았음을 자각하고 있습니다.

그러나 제 경험상 죽음을 앞둔 노인이 '이제 여한이 없다'란 말을 할 때 대개는 진심이 아닌 경우가 많았습니다. 어떨 때는 가슴속 한이 더 많다는 마음속 생각을 반증하기도 합니다. 저는 할머니 또한 상투적으로 내뱉은 말이라 생각했습니다. 그러나 할머니

는 정말 달랐습니다. "나는 내 병이 안 나을 거란 걸 알아요. 그래도 평소에 기도를 열심히 한 덕분인지 병원에 누워서도 기도하면 마음이 편해요. 시간 가는 줄도 모르고. 근데 젊은 분이 군에 있기 참 힘들죠? 하고 싶은 것도 많을 텐데 갇혀 있으니" 할머니는 마치 손주를 보는 듯한 인자한 눈빛으로 말을 이었습니다. "나는 괜찮으니 다른 사람들에게 가봐요."

몸이 점점 마비되어 움직일 수 없는 절망적인 상황에서도 오히려 할머니는 저를 위로했습니다. 할머니의 차분한 목소리와 따듯한 눈빛을 마주한 저는 그 말씀이 진심에서 우러나왔음을 느꼈습니다. 그 후에도 오다가다 멀찍이서 마주칠 때면 할머니는 매번 안온한 표정으로 다른 환자들과 대화하고 있었고, 불안해하거나 동요하는 모습을 한 번도 보여주지 않았습니다. 생각해보면 오히려 저보다는 할머니가 상담사 일에 어울렸던 것 같습니다. 제가 이제까지 본 사람들 가운데 유일하게 자신의 죽음을 정면으로 마주한 사람이었으니까요.

죽음을 정면으로 받아들이는 태도는 모든 인간과 생명에게 필연적 사실로서 죽음을 마주하게 합니다. 죽음을 온전히 내 것으로 받아들이면 삶의 유한성을 깨달을 수 있습니다. 그리고 이런 깨달음은 삶의 시간이 한정되었음을 자각시켜, 삶에서 중요한 가치가 무엇인지, 나는 어떻게 살아야 할지를 '개시開示'해줍니다. 인간은 누구나 반드시 죽는다는 지극한 사실, 즉 인간의 필멸성을 '인정'하면 죽음이 비추고 있던 불안과 공포로 향한 조명은 우리의 남은 삶을 비추게 됩니다.

앞서 말한 시각장애인 아빠와 아들의 이야기를 떠올려봅시다. 만약 장애가 없었다면 그들이 분명 더 행복했을 거라고 자신 있게 말할 수 있을까요. 아버지와 아들이 지금 같은 애틋하고 지극한 사랑을 키울 수 있었을까요. 만약 아들이 평범하게 자랐다면 남에게 받은 만큼 도움을 줄 수 있는 사람이 될 거라고 맹세할 수 있었을까요. 그들에게 고난은 단순히 고통만을 의미했을까요.

죽음과 삶의 고난은 피하거나 포장하거나 감추어야 할 성질의 것이 아닐지도 모릅니다. 어쩌면 우리가 맨손으로 만지고 맨몸으로 받아냈을 때, 우리 자신도 모르고 있던 삶의 가치를 일깨워줄 스승이자 마중물일지도 모르겠습니다. 우리가 경계하고 두려워해야 할 것은 고난 그 자체가 아니라 그것을 받아들이는 우리의 자세입니다. 행복이 관점에 따라 다르듯, 우리의 고난도 그럴 거라고 믿습니다.

나의 첫 죽음학 수업

반려동물이 죽었습니다

쌓였던 눈이 녹았다가 이내 다시 얼어 빙판길이 되어버린 어느 추운 겨울날이었습니다. 이른 아침부터 급하게 가족회의가 열렸습니다. 사건의 발단은 그날 아침 느닷없이 동물병원에서 걸려온 전화 한 통이었습니다. 새벽에 누군가가 길에서 개 한 마리와 갓 낳은 강아지들을 발견해서 119센터에 신고했고 가까운 동물병원에 데려다놓았는데, 평소 아버지와 친분이 있던 동물병원 원장님이 아버지에게 연락해 강아지를 기를 수 있느냐고 물어온 것입니다.

일단 우리 가족이 맡아 기르기로 하고 병원에 가서 사연을 들어보니 상황은 예상했던 것보다 더 안타까웠습니다. 새벽녘에 어미 개가 한적한 골목 담벼락 밑에서 새끼를 네 마리 낳았는데, 날이 너무 추워 세 마리는 죽고 한 마리만 겨우 살아남았습니다. 어미는 옅은 갈색의 몰티즈 순종처럼 보였는데 새끼는 갈색과 흰색이 섞인 믹스견이었습니다.

우리 가족은 집 마당 한쪽에 포근한 잠자리를 마련해주고 강아지들을 애지중지 길렀습니다. 어미와 새끼 둘 다 영리하고 말을 잘 들었지요. 평소 울타리를 쳐놓고 그 안에서 목줄을 풀어주고 길렀는데 종종 울타리 밖으로 빠져나가 돌아다니다가도 끼니때가 되면 부엌 앞에 와서 얌전히 앉아 있곤 했습니다. 무슨 생각에서 그렇게 지었는지 모르겠지만, 아버지는 어미에게 말자, 새끼에게 영자라는 이름을 지어주었습니다. 처음에는 약간 신기한 마음이었지만, 이내 우리는 서로 없이는 절대 못 사는 가족 같은 사이가 되었습니다.

여러 매체나 자료를 보면 최근 반려동물을 기르는 인구가 폭발적으로 증가하고 있음을 알 수 있습니다. 과거보다 길에서 반려동물과 함께 산책하는 사람들이 많아진 것만 봐도 변화를 체감할 수 있습니다. 그만큼 반려동물에 대한 인식 수준도 높아졌습니다. 이제는 개가 단순한 동물이 아니라 가족과도 같은 생명체라는 인식이 지배적입니다. 그러나 여기서 우리가 주목해야 할 문제는 그에 따른 상실의 고통도 증가한다는 점입니다.

인간의 평균 수명은 80년이지만 반려동물의 수명은 평균 12년입니다. 따라서 반려인 대부분은 반려동물의 죽음을 경험할 수밖에 없습니다. 가족의 일원이었던 반려동물이 죽거나 실종되면 한동안 충격과 슬픔 탓에 정상적인 생활을 하기 힘들 수도 있습니다. 심한 경우 그러한 상실감이 우울증으로 이어지거나 불면증 같은 정신적 장애를 동반하기도 합니다. 펫로스 증후군이 대표적인 예입니다.

반려동물과 애착 관계가 강했던 사람일수록 그에 따른 고통도 클 것입니다. 어떤 면에서 반려동물은 사람과는 달리 아무런 조건 없이 모든 것을 받아주고 깊은 애정을 줍니다. 반려동물의 상실은 사실상 가족을 잃은 슬픔과 유사한 무게의 정서적 고통을 남길 수밖에 없죠.

저도 그랬습니다. 말자, 영자와 함께 산 지 2년 남짓 되었을까요. 그날도 한겨울이었는데, 갑자기 말자가 늦은 저녁부터 구토를 하기 시작했습니다. 병원이 문을 닫은 시각이라 다음 날 아침에 데려가려고 미리 준비를 하고 따뜻한 물을 주고 이불을 깔아주었습니다. 말자는 원래 자기 집 가까이 가면 항상 꼬리를 흔들며 나왔는데 그날은 정말 몸 상태가 별로인지 겨우 고개만 들어 이쪽을 보면서 옆으로 누운 상태로 꼬리를 흔들고 있었습니다. 날이 밝기를 기다리면서 마침 방학이라 와 있던 사촌 동생과 교대로 말자를 지켜보다가 새벽에야 겨우 잠이 들었습니다.

아침이 되어서 채비를 하고 말자를 데리러 나서려 했는데 뜻하지 않은 상황이 벌어졌습니다. 말자는 여전히 옆으로 돌아누워 있었습니다. 이름을 불러도 아무런 움직임이 없었지요. 가까이 가서 보니 말자의 코에서 피가 흘러나와 굳어 있었습니다. 다급히 손을 대보자 말자의 몸은 이미 말로 표현할 수 없을 만큼 싸늘했습니다. 생명이 떠난 것입니다. 사촌 동생은 그런 말자를 보면서 울기 시작했습니다. 저도 눈물이 나오려 했지만 왠지 창피해서 혼자 고개를 돌리고 속으로 눈물을 삼켰습니다.

우리는 가까운 산으로 말자를 안고 갔습니다. 겨울이라 땅이 얼어서 힘들게 땅을 팠지요. 꽝꽝 언 땅에 딱딱하게 굳은 말자의 몸을 뉘었습니다. 길에서 새끼를 낳고 음식을 주워 먹으며 생활했던 말자. 새 가족을 만나서 잘 지낼 줄 알았는데 말자는 고작 두 해를 보내고 다시 길을 떠났습니다. 무덤 위에 동그란 봉분을 만

나의 첫 죽음학 수업

들어주고 저는 무릎을 꿇고 절을 했습니다. 너무나 아팠을 텐데, 누워서라도 저를 보며 힘겹게 꼬리를 흔들던 말자의 마지막 모습이 떠올랐습니다. 차가운 흙바닥에 절을 하고 일어섰는데 눈물이 흘러서인지 얼굴이 조금 따뜻해졌습니다.

인간의 사별과 유사하게 반려동물의 실종이나 죽음 이후의 고통을 해결하기는 쉽지 않다고 합니다. 그래서인지 말자가 죽고 난 뒤 한동안 말자가 없는 빈 집, 밥그릇, 물그릇이 유난히 또렷하게 보였습니다. 늦은 밤 집 밖에 나와 아직 귀가하지 않은 저를 기다리던 말자의 모습이 생생하게 떠오르면 어느새 슬픔이 차올랐습니다.

반려동물이 갑자기 사망하는 경우도 괴롭지만 질병으로 서서히 죽어가는 모습을 지켜보는 것은 더욱 괴로울 수 있습니다. 때로는 안락사를 할지 말지 선택해야 할 순간에 놓일 수도 있을 것입니다. 그럴 때 사람들은 흔히 '내가 감히 한 생명의 죽음을 결정할 수 있을까'라고 생각합니다. 물론 안락사는 힘든 판단이며 선택은 반려인에게 달려 있습니다. 그러나 동물 호스피스 전문가 리타 레이놀즈Rita Reynolds는《펫로스: 반려동물의 죽음》에서 말기 암 혹은 사고로 인한 치명적인 부상에는 안락사가 최선의 선택이

될 수 있다고 말합니다.

많은 반려인들이 자연사를 원하지만 큰 통증으로 고통받는 동물에게 자연사는 오히려 자연사가 아닐 수도 있기 때문이지요. 레이놀즈는 "제발 날 두고 가지 마. 너 없이는 못 살아"라는 말보다는 "괜찮아. 이제 가도 돼. 널 지켜보고, 덜 힘들게 떠날 수 있도록 도와줄게"라고 이야기하도록 권합니다.

누군가가 떠나고 난 뒤 느끼는 슬픔은 오로지 남은 자의 몫입니다. 쉽게 보내주지 못하는 미련은 어쩌면 죽음에 대한 잘못된 이해에서 비롯되는 것 같습니다. 누구나 반려동물과 이별한 뒤에는 슬픔을 느끼게 됩니다. 그러나 슬픔을 느끼고 있는 '나'라는 존재는 절대 혼자가 아닙니다. 세상에는 상실의 고통을 겪고 슬퍼하는 수억 명의 사람이 있습니다. 외로움이란 우리가 살면서 겪어내야 할 당연한 감정 중 하나인지도 모르겠습니다.

사람과 마찬가지로 동물을 보내야 하는 경우에도 수용, 즉 '받아들임'의 태도를 머릿속으로 떠올릴 필요가 있습니다. 반려동물이 죽은 뒤 평소 즐겨 놀던 장난감이나 밥그릇 같은 유품을 정리하지 않거나 오랜 기간 슬픔에만 갇혀 있는 행위는 내가 사랑하던 반려동물의 죽음을 인정하기 싫은 마음을 대변합니다. 반려인들은 반려동물의 죽음을 두고 '무지개다리를 넘는다'고 표현하기도 합니다. 반려동물이 편안하게 무지개다리를 넘을 수 있도록 그들을 잘 보내주는 것도 한때 사랑하던 대상에 대한 예의입니다. 사랑에 적당한 때가 있듯 이별에도 적당한 때가 있습니다. 때가 되었을 때 놓아줄 수 있는 힘은 죽음이라는 현실을 오롯이 수용하는 순간 생겨납니다.

동물들도 동료나 가족의 죽음을 오랫동안 애도한다고 합니다. 연구에 따르면 자연 상태의 침팬지나 코끼리가 동료의 죽음을 애도하는 모습이 목격되기도 합니다. 어떤 생명이 수명을 다하고 떠나가는 것은 우리가 어찌할 수 없는 자연의 섭리와도 같습니다. 그 섭리를 굳이 상실이라는 관점에서만 받아들일 필요는 없을 것입니다. 좀 더 넓은 관점에서 보면 생명은 탄생과 죽음이 반복되는 순환의 고리 속에 있습니다. 반려동물의 죽음을 보며 슬픔에만 매몰되어 있지 말고 때가 되면 자연으로 다시 돌아가는 그들의 모습을 보며 경건한 자연의 섭리를 조금이나마 깨달을 수 있다면 좋겠습니다.

어찌 보면 우리는 광활한 우주의 먼지에 불과한 존재입니다. 이

곳에서 저곳으로, 이때에서 저때로 무한한 우주를 떠돌다가 태어날 때와 마찬가지로 작은 점이 되어 사라집니다. 무릇 인간을 포함해 생명이 있는 것들은 모두 비슷한 과정을 거칩니다. 그러면서 어떤 것들은 어느 순간 접점을 찾아 만나고 어느 순간 또 이별을 경험합니다. 지금 반려동물을 잃은 슬픔에 매여 있다면 저 광대한 우주로 떠난 하나의 인연에 대해 생각해봅시다. 인연은 오고 갑니다. 우리 모두 언젠가 무엇이 되어 다시 만날 날이 있을 거라고 작은 소리로 위안해보면 좋겠습니다.

어떤 죽음을 선택할 것인가

죽음은 언뜻 간단하고 명확한 하나의 '사실'이라고 생각하기 쉽습니다. 누군가 죽어 있느냐 살아 있느냐로 정확히 나눌 수 있다고 믿으니까요. 그러나 사실 사망 진단이나 죽음 자체에도 여러 가지 종류가 있습니다.

의학적 사망은 크게 두 가지로 나뉩니다. 첫째는 병으로 인한 사망인 '병사'이고, 둘째는 외부의 원인으로 인한 사망인 '외인사'입니다. 병사의 원인은 암, 심장과 폐 및 뇌혈관 질환, 당뇨, 고혈압 등 종류가 다양합니다. 병으로 인해 인간에게 주어진 수명이 자연스럽게 다해 죽기 때문에 자연사의 영역에 속해 있습니다. 반면에 외인사는 자살, 타살, 사고사 등 주어진 수명을 다 쓰지 못하므로, 대개 안타깝거나 비참한 경우가 많습니다.

통계적으로 보면 대부분의 사람이 자연사합니다. 그리고 다수가 병원에서 죽음을 맞이합니다. 병원에서 곧 죽음을 맞이할지도 모를 심각한 환자를 다루는 곳은 중환자실이지요. 중환자실은 중증 환자를 효과적으로 치료하기 위한 특수한 병실입니다. 인공호흡기나 모니터링 기계가 24시간 쉴 새 없이 가동되고 있습니다. 그래서일까요. 중환자실에 면회를 가면 금세 불안하고 두려워집니다. 끊임없이 울리는 기계의 경고음 속에서 입에 관을 문 채 초점이 풀린 눈으로 천장을 응시하는 환자들이 보이고, 어딘지 모르게 황급해 보이는 의사와 간호사들이 바삐 뛰어다닙니다.

물론 중환자실에 있다고 해서 모두가 곧 유명을 달리하는 것은 아닙니다. 병세가 좋아져 일반 병실로 옮기거나 퇴원하는 경우도 있습니다. 그러나 장례식장을 제외하고는 병원에서 죽음과 가장 가까이 맞닿은 사람들이 모여 있는 곳이 중환자실이라는 사실만은 분명하겠지요.

그런데 거꾸로 생각해보면 중환자실은 생명과 직접 맞닿은 곳이기도 합니다. 중환자실에서 이루어지는 소생술, 즉 환자가 죽음

속으로 빨려 들어갈 때 하는 의학적 조치는 그의 몸에 다시 생명을 불어넣습니다. 이와 더불어 연명치료도 이루어집니다. 사실상 소생술도 연명치료에 속합니다. 연명치료는 병을 낫게 해서 환자를 정상 상태로 되돌리는 치료의 의미보다는 인위적으로 수명을 연장하는 의술입니다. 인공호흡이 대표적 치료법 중 하나입니다.

중병에 걸린 환자가 스스로 호흡할 능력이 없는 경우 환자는 자연스럽게 호흡 정지로 사망합니다. 그러나 중환자실의 인공호흡기는 이를 허용하지 않고 인위적으로 환자의 수명을 연장합니다. 문제는 인공호흡기에 의지해 치료를 받아도 정상 상태로 되돌아가지 못하는 경우입니다. 일단 인공호흡기에 의존해 숨을 쉰다고 해도 얼마나 더 살 수 있는지는 아무도 모릅니다. 어떤 경우에는 말 한마디 못하고 몇 개월간 호흡기에만 의존하다 사망할 수도 있습니다. 기도에 삽관한 환자는 가족에게 말을 할 수 없고, 당연히 자신이 얼마나 고통스러운지 주변에 알릴 수도 없습니다.

돌아가시기 전 할머니는 대상포진에 걸려 병원에 입원한 지 불과 며칠 만에 중환자실로 옮겨졌습니다. 고령이라 면역력이 급격히 떨어지면서 어떤 치료로도 효과를 볼 수 없었습니다. 호흡이 어려워 몸 안 산소 농도가 부족해져서 결국 돌아가시는 날까지 24

시간 입에 인공호흡기를 꽂은 채, 가족들에게 말 한마디 하지 못하고 죽음에 이르렀습니다. 본인의 의사와는 상관없이 느닷없이 입안에 삽입된 관을 밤새 물고 있느라 얼마나 갑갑하셨을지, 가족들에게 하고 싶은 말이 많았을 텐데 말을 못 해서 얼마나 답답하셨을지 상상만으로는 짐작하기 어렵습니다.

기계장치를 주렁주렁 단 할머니는 눈을 감고 있다가 "할머니, 저 왔어요" 하면 눈을 깜빡거렸고, "할머니, 많이 아프죠. 힘드시죠"라고 말하면 눈물을 흘렸습니다. 그때 할머니가 흘린 눈물은 '그래, 아프다. 힘들다'란 의미였을까요. 한동안 할머니의 그 눈동자가 기억에 남아 머릿속에서 떠나지 않았습니다.

중환자실에서 본격적인 연명치료를 한 지 열흘 만에 할머니는 돌아가셨습니다. 치료 도중 가족들이 의사에게 관을 빼면 안 되냐고 물어보았지만 관을 빼면 바로 사망하실 수 있다고 하니 망설여졌습니다. 지나고 나서야 든 생각이지만, 며칠 빨리 가시더라도 마지막 순간에 가족들에게 말 한마디만이라도 편히 하고, 잠시만이라도 몇 숨 쉬었다 가셨다면 좋지 않았을까 하는 아쉬움이 좀처럼 사라지지 않습니다.

1980년대까지만 해도 우리나라 사람들이 죽음을 맞이한 공간은 집이었습니다. 임종자는 가족들이 지켜보는 앞에서, 집이라는 편안하고 익숙한 공간에서 죽음을 맞이했고 장례식도 집에서 지냈습니다. 그러나 1990년대에 접어들며 의료시설이 늘어났고, 죽음과 만나는 장소가 자연스레 병원이 되어버렸습니다. 가정에서 편안하게 맞이하던 죽음은 차가운 병실에서 대량으로 치러지는 행사의 일종으로 변했고, 묘지와 화장터는 거주지의 중심에서 자꾸만 멀어졌습니다. 가족에게 유언을 남기거나 지난날을 추억하는 마지막 대화를 나눌 기회는 줄어들고, 이제 죽음은 중환자실에서 억지로 호흡만 연장하다 떠나는 방식으로 자리 잡았습니다. 인간다운 죽음은 차갑고 기계적인 죽음으로 변모했습니다.

그런데 최근 그런 흐름이 다시 변하고 있는 모습입니다. 환자와 가족들이 인간적인 죽음을 맞이할 법적 장치가 마련되었고, 인간다운 죽음을 맞이하는 방식에 대한 논의도 활발합니다. 안락사 혹은 존엄사로 불리는 것이 바로 그렇습니다. 단어의 뜻만 보면 안락사安樂死는 죽음을 '편안하게 맞이한다'는 뜻이고 존엄사尊嚴死는 죽음을 '품위 있게 맞이한다'는 뜻입니다.

안락사에도 몇 가지 종류가 있습니다. 환자와 가족의 동의를 전제로 회복 불가능한 환자에게 막연한 연명치료를 중단하고 자연사하도록 하는 '소극적 안락사Passive Euthanasia'가 그중 하나인데, 한국을 비롯한 모든 나라에서 허용되는 정상적인 형태의 안락사입니다. 이와 대비되는 '적극적 안락사Active Euthanasia'는 연명치료 중단이 아니라 약물이나 기타 처치로 죽음을 좀 더 앞당기는 방법입니다.

적극적 안락사는 다시 회복 불가능한 환자와의 사전 동의 아래 이루어지는 '자발적 안락사Voluntary Euthanasia'와 '의사조력 자살Physician Assisted Suicide'로 나뉩니다. 자발적 안락사는 의사가 의료적 처지로 환자를 죽음에 이르게 하는 것이고, 의사조력 자살은 의사의 도움을 받아 환자 자신이 어떤 장치나 약물 투여를 실행해 사망한다는 것에 차이가 있습니다.

이 두 가지 모두 인위적으로 죽음을 앞당기는 행위이므로 물론 자연사의 범주에는 들어가지 않습니다. 일반적인 안락사, 다시 말해 연명치료를 중단해 자연스럽게 사망하도록 내버려두는 것과 비교하면 윤리적으로 쉽게 허용되지 않는 방법이지만 네덜란드, 벨기에, 스위스 등 일부 국가에서는 허용하고 있습니다. 마지막으로 환자의 동의 없이 환자를 죽음에 이르게 하는 '비자발적 안락사Involuntary Euthanasia’가 있는데, 이는 사실상 살인 행위로 모든 국가에서 불법입니다.

한편, 존엄사란 회복 불가능한 환자가 인간다운 품위를 지키며 죽는 것입니다. 국내에서는 소극적 안락사가 존엄사에 해당합니다. 다만 법적으로 임종상태에 빠져 정신이 혼미해지기 전에 환자가 제출한 동의서가 있어야 합니다. 이것이 ‘사전연명의료의향서’입니다. 2016년 1월 ‘연명의료결정에 관한 법률’이 국회 본회의에서 통과되어 2018년 2월부터 시행되고 있습니다. 이 법의 핵심은 본인의 의사결정에 따른 무의미한 연명치료 중단입니다.

연명치료 중단을 결정하는 사전연명의료의향서를 미리 작성해 두면 회복 가능성이 없고 수개월 이내에 사망할 것으로 진단받은 환자는 심폐소생술, 혈액 투석, 항암제 투여, 인공호흡기 사용 등의 연명의료를 받지 않을 수 있습니다. 온전한 정신이 떠나버린 육체에만 막연히 행해지는 의술을 거부하고 인간다운 죽음을 맞이할 수 있는 것입니다. 국가생명윤리정책원에 따르면 연명의료결정법이 시행된 2018년 2월 이후 지금까지 약 13만 명이 연명의료중단을 선택했습니다.

연명의료법이 시행됨으로써 제도적인 장치가 마련되어 부자연스럽고 비인간적인 죽음에 제동이 걸린 것은 좋은 일입니다. 하지만 의료행위나 법적인 문제를 떠나서 온전히 개인의 힘으로 존엄한 죽음을 맞이하는 방법은 없을까요? 이와 관련해 2018년에 열린 어떤 암 환자의 특별한 장례식을 떠올려보는 것도 좋을 듯합니다. 이 장례식 부고장에는 이렇게 적혀 있었습니다.

> 저는 전립선암으로 병원에 1년 넘게 있습니다. 그리고 암은 온몸으로 전이 되었습니다. 소변줄을 차고 휠체어를 타고 있지만 정신은 아직 멀쩡합니다. 죽지 않고 살아 있을 때 당신들과 함께하고 싶습니다. 제 장례식에 오십시오. 제가 죽고 나서 하는 장례는 아무 의미가 없습니다. 당신들의 손을 잡고 작별 인사를 하고 싶습니다. 감사를 전하고 싶고 화해와 용서를 구하고 싶습니다. 검은 옷 말고 예쁜 옷 입고 오세요.
>
> —'장례식, 꼭 죽어서 해야 하나요? 살아 있을 때 하고 싶습니다', 〈비마이너〉, 2018.8.14.

장례식은 환자의 바람대로 '생전 장례식' 형태로 서울의 한 병원에서 열렸습니다. 환자는 이날 하고 싶던 모든 것을 했습니다. 세상을 떠나기 전 자신이 알고 있던 사람들과 악수하고 포옹했으며, 다투고 멀어졌던 사람과 화해하고 여러 사람들 앞에서 좋아하는 노래를 불렀습니다. 마지막으로 장례식이 끝나고 병실로 다시 돌아갈 때는 웃으며 손을 흔들고 작별했습니다.

사실 장례식은 고인을 위한 행사가 아니라 산 사람을 위한 행사입니다. 유가족이 고인의 빈자리를 지키며 3일 동안 죽은 이를 찾아온 손님을 응대해야 합니다. 한마디로 주인공이 없는 무대인 셈이죠. 그런데 생전 장례식은 고인, 즉 이제 곧 옛사람이 될 아직 살아 있는 자가 주인공입니다. 앞에서 본 암 환자의 장례식은 장례식의 진정한 의미가 무엇인지, 오랫동안 묵인해온 관습이 시대에 따라 달라져야 하는 건 아닌지에 관해 많은 생각을 불러일으킵니다.

사실 오랜 세월 유지되고 있는 예식이나 관습을 바꾸기는 쉽지 않습니다. 그러나 위의 경우처럼 굳이 생전 장례식을 열지 않더라도 세상을 떠나기 전 지인들과 만나 미리 작별 인사를 하는 방법은 가능합니다.

얼마 전 SNS에 올라온 한 사진도 죽음이 오직 슬픈 삶의 종료가 아니라 훈훈한 마무리가 될 수 있음을 보여주는 예입니다. 미국 위스콘신주에 살던 어떤 할아버지가 '마지막 순간, 사랑하는 이들이 지켜보는 가운데 그들과 함께 맥주 한 모금만 마시면 소원이 없겠다'라는 바람을 이루고 싶었습니다. 그 결과 병상에 누워 코에 산소 튜브를 꼽고 맥주병을 들고 있는 할아버지, 그리고 그 곁에서 자신의 아들과 친구들이 활짝 웃으며 함께 즐거워하는 모습이 담긴 사진이 만들어졌습니다. 할아버지의 손자는 할아버지가 눈을 감은 지 몇 시간 만에 이 사진을 다시 트위터에 올렸고 30여 만 개가 넘는 추천을 받았습니다.

여러분에게 어떤 방식으로 처음이자 마지막으로 나에게 다가올 죽음을 맞이하고 싶은지 묻고 싶습니다. 두려움에 떨며 병상에 누워 있다가 맑은 정신이 떠나버린 육체에 무의미한 치료를 받으며 죽음을 맞이할 수도 있습니다. 거꾸로 한 생각 바꿔 인간다운 품위를 지킨 채 떠날 수도 있지요. 선택은 온전히 자신의 몫입니다. 다만 우리의 육신이 생명을 다하는 것이 슬픈 마지막이 아니라 새로운 시작은 아닐지 한 번 더 곰곰이 생각해보길 바랄 뿐입니다.

죽음 그 이후의 경험

예일대학교 철학과 교수 셸리 케이건Shelly Kagan은 죽음의 특징을
필연성necessary, 보편성universality, 예측 불가능성unpredictability, 편
재성ubiquity으로 나누어 설명했습니다.

죽음의 필연성이란 무엇일까요? '우리는 반드시 죽는다'는 것을
의미합니다. 죽음의 보편성은 죽음이 특별한 예외를 허용하지 않
는다는 것으로, '우리 모두는 죽는다'라는 사실을 뜻합니다. 죽음
의 예측 불가능성은 말 그대로 죽음을 예측할 수 없다는 것으로,
우리가 '언제 죽을지 알 수 없음'을 의미하죠. 마지막으로 죽음의
편재성은 죽음이 모든 곳에 존재한다는 의미로, 우리가 '어디에
서 죽을지 모른다'는 사실을 의미합니다. 이와 같은 죽음의 필연

성과 보편성을 합쳐보면, '우리 모두는 반드시 죽는다'라는 의미가 도출됩니다. 물론 이 사실을 모르는 사람은 없을 겁니다. 그런데 우리가 좀 더 생각해봐야 할 부분이 있습니다. 바로 '예측 불가능성'과 '편재성'입니다. 예측 불가능성은 시간의 영역에, 편재성은 공간의 영역에 속합니다. 쉽게 말하면 죽음이 우리를 채우고 있는 이 시공간에 가득함을 뜻하지요.

과거를 예측할 수는 없습니다. '예측'의 대상은 언제나 미래에 속해 있지요. 살아 있는 자에게 죽음은 미래의 사건입니다. 보통 우리는 '미래'라고 하면 '저 멀리' 혹은 '언젠가' 등 현재와 매우 멀리 떨어져 있는 거리로 인식합니다. 하지만 미래는 그저 지금 이후를 말하는 것뿐입니다. 몇백 년, 몇십 년, 몇 년, 몇 개월, 몇 시간이 그렇듯, 바로 몇 초 후도 우리의 미래입니다. 따라서 죽음의 예측 불가능성은 단 몇 초 뒤에 죽음이 올 수도 있음을 의미합니다.

다음으로 죽음의 편재성에 관해 더 생각해봅시다. 각각의 공간에는 저마다의 쓰임새가 지정되어 있고 우리는 그 공간에서 어떤 일이 벌어질지, 무엇을 할지 알고 있습니다. 집에서 하는 일과 학교나 학원, 회사에서 하는 일은 일정한 범위를 벗어나지 않습니다. 목욕탕에 가서 하는 행동과 음식점에서 하는 행동도 예측 가능하지요. 그러나 죽음이 찾아오는 공간은 지정되어 있지 않습니다. 길 한복판에서 사고를 당해 죽을 수도, 등산하다 실족해서 죽을 수도, 학교에서 멀쩡히 수업을 듣다가 죽을 수도 있습니다.

그런데 만약 자신이 언제 죽는지, 어디에서 죽는지 알게 된다면 과연 어떨까요? 다시 말해 자신의 죽음을 한 차례 경험했다면?

희미하게 수술실 불빛이 보이고 웅성거리는 사람들의 소리가 들린다. 나에게 죽음이 다가오고 있음이 느껴진다. 육체의 요동과 긴장이 점점 심해지다가 정점에 달했을 때 심전도기 소리가 '삐-' 하며 일정한 음을 유지한다. 의사가 내 죽음을 선고하는 것이 들렸다. 갑자기 귀에 시끄럽게 왕왕대는 듯한 거슬리는 소리가 들린다. 이후에는 길고 어두운 터널을, 마치 롤러코스터를 타고 맹렬한 속도로 빠져나가는 느낌이 든다. 이제까지 경험해보지 못했지만 나는 내가 육체에서 빠져나왔음을 직감적으로 알아차렸다.

육신에서 빠져나온 뒤 나는 의료진이 나의 육체에 소생술을 행하는 것을 바라보고 있었다. 그들의 무의미한 노력을 물끄러미 바라보고 있는데 잠시 후 놀라운 일이 일어났다. 누군가 나를 만

나의 첫 죽음학 수업

나러 온 것이다. 예전에 돌아가셨던 부모님, 친척, 친구들이 어디선가 다가와 내게 인사했다. 그리고 잠시 뒤 이제까지 한 번도 경험한 적 없는 사랑과 온정으로 가득 찬 빛의 존재가 나타났다. 이 존재는 내 삶에서 중요했던 일을 한순간에 파노라마처럼 보여주었다.

잠시 후 어느 시점에서 나는 일종의 장벽, 아니 경계로 조금씩 다가가고 있다는 걸 깨달았다. 그러나 아직은 경계를 넘어갈 때가 아니라고, 다시 돌아가야 한다고 생각했다. 갈등이 일어났다. 살아생전 느껴보지 못한 따스함, 사랑, 편안함을 경험했기 때문이다. 그러나 결국 얼마 뒤 나는 다시 깨어났다. 다시 희미하게 수술실의 불빛이 보인다.

죽음학자 레이먼드 무디Raymond Moody는 근사체험자 150명이 고백한 경험을 모아 위와 같이 재구성했습니다. 근사체험near-death experiences은 입관 체험 같은 수준의 것이 아닙니다. 공식적인 사망 판정, 다시 말해 심장이 한동안 정지되었다가 다시 살아난 경우를 말하며, 죽음의 세계에 직접 발을 디딘 경험입니다.

의술이 발달하면서 심정지가 일어난 사람을 살려내는 심폐소생술도 발전했습니다. 초기에는 심장을 직접 손으로 마사지하는 방식이었지만 점차 기도에 산소를 불어넣고 두 손으로 흉부를 압박하는 현재의 형태로 자리 잡았습니다. 또한 의과학이 빠른 속도로 발달하면서 제세동기defibrillator가 개발되어 심정지로부터의 생존율을 높여주었습니다. 적은 확률로 사망했다가 소생하는 경우가 있는데, 소생한 이들 중 일부(10~25%)가 심장이 멈춰 있던 동안의 경험을 보고하기 시작했습니다.

근사체험 연구의 선구자인 레이먼드 무디는 1969년 어느 날 강의가 끝나고 한 학생이 찾아와 자신의 할머니가 수술 도중 죽었으나 다시 깨어나 죽은 상태에서 겪은 경험을 전해 듣게 됩니다. 이후 그는 근사체험에 관심을 갖고 자료를 수집해 사례를 분류하고 《다시 산다는 것Life After Life》이란 책을 펴냈습니다. 이 책은 미국뿐 아니라 세계적으로 폭발적인 반응을 일으켰습니다. 책 속에서 근사체험은 '사망 선고를 들음' '마음의 안온감' '귀에 거슬리는 소리' '터널을 빠져나가는 경험' '유체이탈하는 느낌' '죽은 자와의 만남' '빛의 존재와의 만남' '살아온 삶을 돌아봄' '경계/장벽과 부딪힘' 등 대략 아홉 가지로 추려집니다.

무디의 연구가 세상에 처음 모습을 드러냈을 때는 호기심 어린 반응도 있었지만 비판도 많았습니다. 주된 비판은 그 내용이 비과학적이라는 점이었습니다. 비판론자들은 무디의 연구 대상이 과학적 방법에 근거해 샘플링되지 않았고, 단순히 여러 에피소드를 나열한 형식에 불과하며, 체험의 빈도수를 객관적 확률로 계산하지 않았다는 점을 꼬집었습니다.

그러나 무디가 불을 붙인 근사체험 연구의 불씨는 계속해서 이어졌고 2000년대 이후부터는 전문의학 저널에도 근사체험에 관한 연구가 실리고 있습니다. 의학저널에 어떤 연구가 출판된다는 말은 그것이 곧 '과학의 영역'에 들어왔음을 뜻합니다. 대표적인 연구로 핌 판 롬멜Pim van Lommel의 연구가 있지요. 그는 세계 최고 수준의 의학저널 《란셋LANCET》에 심정지 후 소생된 환자 344명을 대상으로 한 근사체험 사례를 발표했습니다. 논문에 따르면 근사체험 환자들이 공통으로 경험한 내용은 무디의 연구 결과와 거의 일치합니다.

체험자들의 증언에 의하면 사망 후 첫 단계로 '○○○ 씨께서 ○○○○년 ○월 ○일 사망하셨습니다'라는 자신의 사망 선고를 듣게 됩니다. 심장은 멈추었지만 청각은 작동하기 때문일까요. 이후에는 마치 롤러코스터를 탈 때처럼 무언가 쏠리는 느낌과 함께 터널을 통과해 어딘가로 빠져나가는 경험을 합니다. 이 경험은 다음 단계인 체외이탈의 경험과 연관되지 않을까 싶습니다. 많은 체험자가 마치 타인을 보듯이 자신의 육체를 멀찍이 서서 바라보았다고 말하며, 직후 돌아가신 아버지나 어머니, 가족을 만나 반갑게 인사하고 그들과 함께 이제껏 보지 못한 아름다운 공간으로 갔다고 전합니다. 그런 뒤에는 큰 장벽이나 경계에 막혀 더 이상 나아가지 못하고 돌아오게 되고, 그러다 다시 현실에서 깨어나는 경험을 하게 됩니다.

한 가지 재미있는 사실은 사람들이 죽음의 문턱 앞에 서고 나서야 뒤늦게 무엇이 중요한지 깨달았다는 점입니다. 사후세계의 체험은 죽음은 물론, 삶에 대한 태도에도 큰 영향을 미쳤습니다. 다수의 근사체험자들은 체험 이전보다 주변 사람에게 더욱 친절한 태도를 보였고, 타인을 돕는 일에도 많은 관심을 가졌습니다. 돈이나 명예 같은 외면적인 가치보다는 인생, 사랑, 자비 같은 내면적인 가치를 중요하게 생각하게 된 것입니다.

죽음은 어떤 것일까요. 우리가 일반적으로 생각하듯이 무섭고 고통스럽고 두렵기만 할까요. 쉼 없이 뛰던 우리의 심장이 멈추고 사망 선고가 내려지면 우리는 근사체험자들이 말한 것과 똑같은 경험을 하게 될까요. 귀에 거슬리는 소리가 나고, 어두운 터널을 빠져나가고, 먼저 간 이들을 반갑게 만나 인사하게 될까요. 정말로 그곳에는 따뜻한 빛의 존재가 우리를 기다리고 있을까요.

물론 그 답을 알 순 없는 노릇이고, 모든 이들이 똑같은 경험을 하란 법도 없습니다. 그러나 적어도 한 가지만은 확실합니다. 근사체험 연구는 우리에게 죽음이 우리가 지금 알고 있는 그대로의 모습이 아닐 수도 있음을 말해준다는 사실입니다.

좀비에 감염되었습니다

어느 날 수업을 듣는 학생이 기억에 남는 질문을 던졌습니다. "'내'가 어느 날 좀비가 된다면 '나'는 살아 있는 걸까요, 아니면 죽어 있다고 보아야 할까요?" 생각지도 못한 기발한 질문에 흥미가 일었습니다.

영화나 드라마에서 볼 수 있는 전형적인 좀비는 피투성이가 된 몸으로 잘도 돌아다닙니다. 눈을 뒤덮은 하얀 막 사이로 눈동자가 희미하게 보이지만 시선은 정면이 아닌 땅을 향해 있습니다. 언뜻 무기력해 보이지만 인기척이 들리면 돌변합니다. 순식간에 얼굴을 돌린 뒤 소리가 난 방향으로 뛰어가지요. 뒤이어 들려오는 건 끔찍한 비명과 무언가를 우적우적 깨물어 먹는 듯한 짐승의 소리입니다.

살아 있는 시체인 좀비는 동서양의 콘텐츠에서 거의 비슷한 모습으로 그려집니다. 좀비물에 열광하는 마니아도 전 세계적으로 상당히 많이 있지요. 좀비는 대개 어떠한 판단이나 생각도 없이, 그저 막연히, 먹잇감이 내는 소리에 따라 목적지 없이 움직이기만 합니다.

물론 좀비는 현실에 존재하지 않는 상상의 캐릭터이지만, 어느 날 주변을 둘러보면 거리에 있는 사람들이 좀비처럼 느껴져서 섬뜩해질 때가 있습니다. 스몸비라는 말을 들어본 적 있을 겁니다. 스마트폰을 들여다보며 길을 걷는 사람들로, '스마트폰smartphone'과 '좀비zombie'를 합성하여 부르는 말입니다. 어둠 속에서 모두가 빛나는 스마트폰에 시선을 고정한 채 어딘지 모를 목적지를 향해 느릿느릿 발걸음을 옮깁니다. 맞은편에서 다가오는 스몸비와 부딪히려는 걸 가까스로 피하다가 문득 이런 생각이 듭니다. 실제로 우리가 정말로 아무 생각도 없이 움직이는 좀비일지도 모르겠다고요. 대부분의 일상을 정해진 스케줄에 따라 별다른 의식 없이 반복하고 있으니까요. 우리는 무엇을 위해 우리에게 주어진 이 삶을 살고 있는 걸까요? 진짜 '생각'다운 생각이란 걸 하는 때가 얼마나 될까요?

생각의 상실과 감염을 상징하는 좀비는 부두교Voodoo 전설에 나오는 '주술로 움직이는 시체'를 뜻합니다. 어원적으로는 콩고어로 신을 뜻하는 '은잠비Nzambi' '줌비Zumbi'에서 유래한 것으로 추측됩니다. 부두교는 본래 서아프리카 지역의 전통 종교로서, 토속 정령과 죽은 자의 영혼을 숭배하고 주술을 중시합니다. 특히 부두교는 식민지 시대에 서인도제도의 아이티로 팔려 온 흑인 노예들에 의해 퍼졌습니다.

이들은 부두교의 사제인 '보커bokor'가 영혼을 뽑아낸 존재를 '좀비'라고 불렀습니다. 좀비는 생각하는 법을 잃고, 보커의 명령에만 복종합니다. 좀비를 만드는 방법은 사망한 시체가 썩기 전에 무덤에서 파내 부두교의 주술을 행하면서 시체의 이름을 반복적으로 부르는 것입니다. 그러면 얼마 뒤 시체가 관 속에서 일어나는데, 그때 양손을 묶어 노예로 팔아버렸다고 합니다.

한편으로는 노예로 부리기 위해 마약을 사용해서 정신을 마비시켜버린 것이 좀비의 기원이라는 설도 있습니다. 보커가 누군가에게 사망한 듯 보이게 하는 약을 먹인 뒤 다른 약을 먹여 다시 깨어나게 하고, 환각에 빠진 사람들을 농장의 노예로 부렸다는 것입니다. 아이티는 17세기 프랑스의 식민 지배를 받았던 국가로 아프리카에서 팔려 온 흑인들의 비참한 역사가 흐르는 곳입니다. 당시 흑인 노예의 평균 수명은 21세였고 사탕수수 농사에 이용되다 약 100만 명이 목숨을 잃었다고 합니다. 사실 여부를 떠나 좀비의 기원이 식민지 시대와 노예에 있다는 점은 인간의 탐욕과 잔인성을 여실히 드러내는 지점이 아닐까 싶습니다.

1960년대부터 본격적으로 등장하기 시작한 좀비는 주로 B급 영화에서만 다루어졌지만 2000년대 들어서는 각종 영화, 게임, 드라마 등에서 전성기를 맞이하며 주류 문화의 한자리를 당당히 차지했습니다.

첫 시작을 알린 것은 1932년 빅터 핼퍼린Victor Halperin 감독의 〈화이트 좀비White Zombie〉입니다. 주인공 마들린이 부두교 주술사의 약을 먹고 죽은 뒤 좀비가 되어버린 사건으로 이야기가 전개되는데, 이 영화에서 좀비는 주술에 걸려 생각과 감정 없이 단순히 움직이기만 하는 시체로 연출됩니다.

본격적으로 좀비를 공포의 대상으로 표현한 영화는 1968년 조지

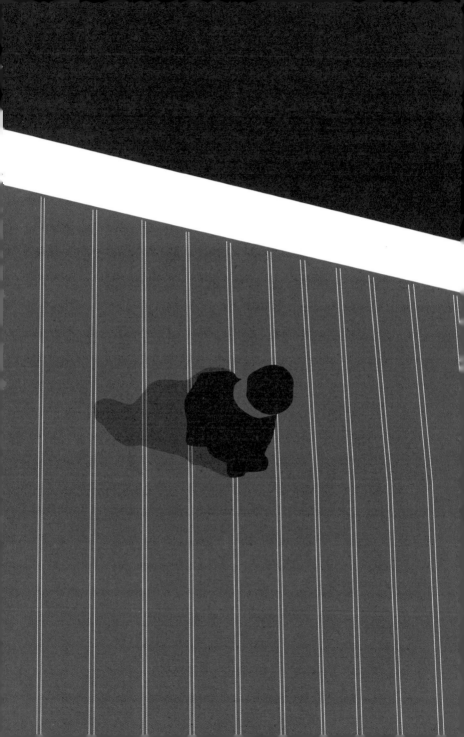

로메로George Romero가 연출한 〈살아 있는 시체들의 밤Night Of The Living Dead〉입니다. 이 영화는 좀비 캐릭터의 기준을 세웠다고 평가받습니다. 영화 속에서 좀비는 머리를 터뜨려야 죽고, 식인을 저지르며, 인간이 물리면 그도 좀비가 됩니다. 이후 조지 로메로는 〈죽은 자들의 날Day of the Dead(1985)〉〈랜드 오브 데드Land Of The Dead(2005)〉〈서바이벌 오브 데드Survival Of The Dead(2009)〉 등을 제작하며 본격적인 좀비 장르를 개척했습니다.

좀비의 기본 특징을 세운 조지 로메로 감독의 영화에서 좀비들은 의지나 생각이 없이 그저 본능에 따라 천천히 움직입니다. 좀비는 느리지만 뇌를 파괴하지 않는 한 쓰러지지 않고 끝없이 공격합니다. 죽이고 죽여도 끝도 없이 몰려드는 좀비들의 무리는 관객에게 공포심을 자아냅니다. 쓰나미처럼 몰아치는 좀비 웨이브 앞에서 인간은 그야말로 속수무책입니다. 그런데 좀비는 무엇을 위해 그렇게 무작정 달려드는 것일까요.

감각에만 이끌린 채 오로지 인간의 피와 살로 갈증을 해소하고 굶주림을 면하기만 하는 좀비의 습성은 현대인의 무분별한 소비, 물질과 부 중심주의를 상징합니다. 한 예로 조지 로메로 감독의 〈시체들의 새벽Dawn Of The Dead(1978)〉에서 좀비와 인간의 사투가 벌어지는 곳은 대형 쇼핑몰입니다. 좀비가 점령한 도시에서 살아남은 몇 명의 사람들이 쇼핑몰로 피신하자 좀비들은 계속해서 쇼핑몰로 들어오려고 시도합니다. 이때 생존자 중 한 사람이 "우리가 여기 있으니까 여기로 들어오려는 거야"라고 말하자 다른 사람이 이렇게 대꾸합니다. "아니야. 살아 있을 때 쇼핑했던 습관이 이곳으로 저들을 이끄는 거야!" 이 대사는 현대인의 무분별한 소비와 자본주의 행태를 유쾌하게 꼬집습니다. 감독이 쇼핑몰이라는 공간을 무대로 선택하고 이곳에 들어오려는 좀비 군중을 연출한 이유는 바로 우리 인간이 이성을 상실하고 자본주의에 먹혀버린 실태를 은유적으로 비판하기 위함이었고, 이 의도가 제대로 먹혀들면서 영화는 작품성과 흥행성을 동시에 거머쥐었습니다.

그런데 초기 좀비 영화와 최근작에서 달라진 점이 하나 있습니다. 바로 속도입니다. 초기 영화에서 좀비는 대개 흐느적거리며 천천히 걸었습니다. 그러나 2000년대 들어 개봉한 〈28일 후 28 Days Later(2002)〉〈새벽의 저주Dawn Of The Dead(2004)〉〈월드워Z World War Z(2013)〉 등 좀비를 주제로 한 많은 영화에서 좀비는 본격적으로 뛰어다니기 시작합니다. 좀비를 공포스럽게 만드는 요소는 떼 지어 몰려다니는 좀비의 수량일 뿐이었는데 이제는 속도까지 겸비해 공포의 레벨을 올렸습니다. 게다가 근래부터 거의 모든 좀비 영화는 좀비가 인간을 물면 바이러스로 인해 그 수가 기하급수적으로 늘어난다는 가설을 기본으로 설정하고 있습니다. 좀비의 '확장성'을 첨가해 공포를 리얼리티 수준으로 끌어올린 것입니다. 감염으로 좀비의 수가 순식간에 폭발적으로 증가하는 것은 인구 증가와 난개발로 인한 부작용, 환경오염, 기후변화, 전염병 창궐에 관한 메타포입니다.

우리 영화에서도 좀비는 빠지지 않는 소재입니다. 국내 최초의 좀비 영화는 1981년 강범구 감독의 〈괴시〉입니다. 〈괴시〉는 3일 전에 죽은 '용돌이'란 자가 되살아나 주변 인물들을 살해하는 이야기를 그려냅니다. 사실 이 영화는 개봉 당시 큰 인기를 끌지 못했지만 이후 〈부산행〉 〈창궐〉 〈#살아있다〉 등이 개봉하면서 한국형 좀비 영화가 흥행을 이어가고 있으며, 넷플릭스에서 개봉한 〈킹덤Kingdom〉은 비단 국내뿐 아니라 전 세계적으로 인기를 끌었습니다. 〈뉴욕 타임스〉에서는 〈킹덤〉을 시대극의 관습을 깨버린 작품이라 평하며 2019년 최고의 TV 프로그램 10위 안에 포함했습니다. 또 미국 인기 드라마 〈왕좌의 게임〉을 누르고 미국 내 넷플릭스 순위 9위까지 올라가기도 했습니다.

〈킹덤〉은 동양의 사극과 서양의 좀비가 융합된 새로운 형태의 좀비물로 시대적 배경은 임진왜란 후 조선입니다. 드라마는 세자 이창이 생사가 불분명한 왕에 대한 진실을 알기 위해 어의를 찾아 나선 여정에서 시작됩니다. 이창은 동래에 내려갔다가 역병 환자(좀비)를 만나게 되고 어의의 제자인 의녀를 만나 역병이 퍼진 원인을 파헤치기 시작합니다. 이창이 만난 백성의 삶은 처참했습니다. 전란 때문에 식량이 바닥난 상황에서 민초들에게는 살아갈 방도가 보이지 않았습니다. 어찌할 수 없이 감염된 인육을 먹었고 이것이 역병이 창궐한 원인으로 작용했습니다.

〈킹덤〉에서 백성의 굶주림을 가속한 것은 무엇보다 지배층의 가렴주구입니다. 또한 역병이 창궐한 지역에 많은 백성이 있었음에도 그 지역을 폐쇄해버리거나 백성을 버리고 도망가는 사대부의 모습은 인간의 탐욕과 비이성적 일면을 꼬집습니다. 〈킹덤〉의 서사는 우리에게 진정한 인간의 의미를 묻고 있는 듯합니다. 무엇이 인간을 인간이라고 정의하는 요소이냐고 말이죠.

동물은 생식을 하고 각자의 일익을 담당하며 생태계를 유지합니다. 그러나 드라마와 영화 속 좀비는 생식 능력이 없고 가족도 없습니다. 닥치는 대로 먹기만 합니다. 외형은 인간이지만 오직 식육에 대한 욕망으로 가득한 개체일 뿐입니다. 현대에서 중시되는

나의 첫 죽음학 수업

성공과 부 중심주의는 인간성을 상실한 좀비와 일면 유사해 보입니다. 만족을 모르고 끝없는 욕망만을 발산하는 좀비라는 괴물은 현대인의 실상을 반영하며, 우리의 내면이 투영된 모습이기도 합니다. 어떻게 보면 좀비가 상징하는 것은 하얗게 변해버린 눈이나 벗겨진 살갗처럼 단순히 징그러운 외면만은 아닐 겁니다. 축 늘어진 몸으로 다리를 질질 끄는 형상이 비꼬는 것은 바로 이성, 의지, 감정, 생각 같은 내면적 인간성의 상실이지요.

어쨌든 좀비 콘텐츠가 부각되는 이유는 좀비가 지금의 우리 모습을 상징하고 있기 때문입니다. 인간이 돈과 물질을 중시하게끔 몰아넣은 자본주의라는 외적 상황, 그리고 그 안에서 언뜻 당연해 보이는 목표를 무작정 뒤쫓고 있는 우리의 모습……. 탐욕을 소비하는 속도는 회를 거듭할수록 빨라지고 우리의 눈에 어린 광기 또한 그에 맞추어 빛을 발합니다. 인간의 모습을 한 우리는 과연 스스로 인간이라고 자부할 수 있는 걸까요.

지금 우리가 하루를 사는 이유는 무엇일까요? 돈일까요, 꿈의 실현일까요, 행복일까요? 우리는 무엇을 위해 살고 있을까요? 어쩌면 우리는 어떠한 각성도 없이 막연히 같은 일만 반복하고 있는 건 아닐까요? 하루하루 삶의 이유와 목적을 되짚고 있는 사람은 찾아보기 어려울 겁니다. 저 또한 그런 사람이라고 자신 있게 말할 수 없습니다. 대부분 좀비처럼 목적 없이 반복적으로 배회하고 있다는 게 좀 더 사실에 가깝습니다. 만약 그렇다면 지금 우리는 말 그대로 '살아도 산 것이 아니고 죽어도 죽은 것이 아닌' 상태임에 틀림없습니다.

한 번뿐인 죽음의 순간, 우리가 과연 인간으로서 눈을 감을 수 있을까요. 오늘날 살아 있는 모든 인간은 자본주의라는 거대한 탐욕의 시스템에 속해 있습니다. 많은 사람이 시스템에 고통받고 불만을 토로하지만 그에 맞서 싸우는 경우는 드뭅니다. 막상 불만을 이야기해보라고 하면 지레 겁을 내거나 눈치 보며 순응하기 일쑤입니다. 그러나 시스템의 실체는 무엇일까요. 시스템은 어딘가에 존재하는 물질이 아니라 바로 하나하나의 인간입니다. 그러므로 나의 삶, 우리 삶의 변화를 위한 백신은 어쩌면 우리 개인 한 명 한 명의 깨어 있는 마음일지도 모릅니다.

죽은 자를 위한 저승 안내서

사기꾼, 성범죄자, 독립투사, 성직자에게는 공통점이 있습니다. 그게 무엇일까요. 성향도 직업도 완전히 다른 사람들이지만 모두 단 한 번의 죽음을 맞이한다는 사실입니다. 심지어 수십 명의 목숨을 앗아간 살인자에게도 죽음은 한 번뿐입니다. 모두에게 주어지는 죽음은 단 1회로 동등합니다. 하지만 만약 윤회가 존재한다면 어떨까요?

"삶은 죽음으로부터 나온다. 이 책은 죽음의 진리를 일깨운다. 소크라테스는 독약을 앞에 놓고 죽음의 세계로 여행을 떠나기에 앞서 그것을 직관적으로 깨달았다. 이 책은 결코 종교적 믿음에서 탄생한 것이 아니다. 의식을 가진 채로 죽음의 세계를 경험한 뒤 다시 육체로 돌아온 위대한 영적 스승들의 증언에 근거한 것이다."

— 월터 에반스 웬츠Walter Evans Wentz, 《티베트 사자의 서》 서문 중에서

불교와 힌두교 등 일부 동양 종교에서는 인간과 동물 등 생명을 가진 존재가 모두 태어남과 죽음을 끊임없이 반복하는 윤회의 세계에 있다고 봅니다. 만약 윤회와 환생을 믿는다면 죽음 이후는 끝이 아니라 새로운 삶의 시작입니다. 따라서 에반스 웬츠의 말처럼 삶은 죽음으로부터 나오는 것입니다.

《티베트 사자의 서》는 인간이 죽음을 맞이한 뒤 다음 생을 받기까지의 체험을 기록한 책입니다. 칼 융Carl Jung은 1927년 영역판으로 발간된 《티베트 사자의 서》에 이런 서평을 남겼습니다.

"책이 세상에 나온 이래 수년 동안 이 책은 언제나 나의 손을 떠나지 않았다. 나는 이 책에서 수많은 생각과 영감, 그리고 통찰력을 얻었음을 고백한다."

융은 프로이트와 쌍벽을 이루는 심리학의 선구자입니다. 인간의 심리란 여러 층이 겹쳐진 복합체라는 '콤플렉스' 이론과, 인간이

외향형과 내향형으로 나뉜다는 유형론을 제시했습니다. 특히 성격유형 검사로 많이 활용되고 있는 MBTI가 융의 심리 유형론을 토대로 고안되었습니다. 한마디로 융은 현대사회에 지대한 영향을 미치고 있는 심리학계의 거장입니다. 이런 거장이 스스로 《티베트 사자의 서》에서 영감을 얻었다고 고백한 것이죠. 융의 서평은 《티베트 사자의 서》가 단순히 종교적 영역에만 한정되지 않고 학문적으로도 논의될 수 있음을 암시합니다.

《티베트 사자의 서》의 원제는 《바르도 퇴돌Bardo-Thodol》입니다. 바르도Bardo는 '둘do 사이bar'란 뜻으로 낮과 밤의 사이, 다시 말해 죽음 이후 환생하기 전의 기간, 바로 '사후세계'를 말합니다. 퇴돌Thodol은 '듣는thos 것으로 해탈grol에 이른다'라는 의미입니다. 종합해보면 《바르도 퇴돌》은 '사후세계에서 듣는 것으로 해탈에 이르는 책'이란 뜻입니다.

20세기 초, 옥스퍼드대 종교학과 교수였던 에반스 웬츠는 인도 북서부 다르질링에서 《티베트 사자의 서》 필사본을 발견했습니다. 그는 수년간의 연구 끝에 8세기경 파드마 삼바바Padma Sambha-va란 성인이 책을 저술했음을 밝혀냈고, 1927년 원본을 영어로 번역한 《The Tibetan Book of the Dead》를 출간했습니다. 책은 발간

되자마자 날개 돋친 듯 팔려나갔으며 1938년 스위스 초판본에는 융 같은 저명한 학자들이 속속 서평을 달았습니다. 이후에도 《티베트 사자의 서》는 판을 거듭하며 서구에 널리 퍼졌습니다.

간단히 말하면 《티베트 사자의 서》는 인간이 사망한 뒤 49일 동안 일어나는 일을 기록한 책입니다. 한국의 사찰에서도 보통 누군가 죽으면 49재를 치르는데, 이 49재는 49일 동안 망자를 위해 재齋를 올리는 종교적 의식입니다. 《티베트 사자의 서》에 따르면 윤회의 세계 안에는 7가지 세계가 있고 각각의 세계에는 7단계의 진화 등급이 있습니다. 이 모든 세계의 등급을 합치면 49단계입니다. 인간이 어머니의 자궁 속에서 성장할 때는 아메바 형태부터 영장류의 형태에 이르기까지 생물의 모든 단계를 거쳐 진화하면서 인간의 형상을 갖춘다고 합니다. 이와 마찬가지로 인간이 죽어서 사후세계로 들어가면 다음 생을 받기 전 49일 동안 정신적인 진화 단계를 경험합니다. 즉 태아일 때는 육신의 영역에서, 사후세계에서는 정신의 영역에서 진화가 일어나는 것입니다.

죽은 이는 사후 49일간 세 가지 바르도(사후세계)를 경험합니다. 첫 번째는 사망 직후부터 4일간 경험하는 '치카이 바르도Hchikhahi Bardo', 두 번째는 5일부터 18일까지 겪는 '초에니 바르도Chösnyid

Bardo', 마지막은 19일부터 49일까지 경험하는 '시드파 바르도Sri-dpahi Bardo'입니다. 이 셋은 각각 '죽음의 순간 경험하는 사후세계' '존재의 근원을 체험하는 사후세계' '환생의 길을 찾는 사후세계'를 뜻합니다. 그렇다면《티베트 사자의 서》에서는 우리가 사후에 어떤 일을 체험한다고 말하고 있을까요. 세 가지 사후세계에서 49일간 일어나는 일을 간략히 묘사하면 다음과 같습니다.

죽음 직후의 첫 번째 사후세계(치카이 바르도)

첫 번째 날부터 네 번째 날

죽음의 순간에는 투명한 빛이 나타난다. 생전에 진리의 가르침에 귀 기울이고 수행한 사람은 투명한 빛에 인도되어 공중에 일직선으로 난 큰길을 따라 태어남이 없는 근원의 세계로 곧바로 들어가게 된다. 그러나 최초의 투명한 빛을 알아채지 못하면 두 번째 투명한 빛이 사자死者 앞에 나타난다. 이는 호흡이 완전히 정지되고 한 식경(30분)쯤 지난 뒤에 일어난다. 사자가 살아 있을 때 얼마나 좋은 카르마業(행위)를 지었는지에 따라 빛이 지속되는 시간이 결정된다.

생명이 끊기고 의식체가 몸 밖으로 나오면 사자는 '내가 죽은 건가, 살아 있는 건가?'라고 생각한다. 그는 생사를 분간하지 못한다. 아직 살아 있을 때와 마찬가지로 가족들을 볼 수 있고 그들의 소리를 들을 수 있기 때문이다. 생전에 지은 카르마가 만들어내는 공포의 환영은 아직 나타나기 전이다.

존재의 근원을 체험하는 두 번째 사후세계(초에니 바르도)
다섯 번째 날부터 열한 번째 날

첫 번째 바르도에서 투명한 빛을 알아보지 못한 자에게는 두 번째 바르도가 밝아온다. 이 단계에서는 살아 있을 때 쌓았던 카르마가 만들어내는 환영들이 빛나기 시작한다.

사자는 자신의 몸에 수의가 입혀지고 그 앞에 음식물이 차려진 광경을 보게 된다. 가족과 친구들이 슬퍼하며 우는 소리도 듣는다. 사자는 가족과 친구들에게 자신이 살아 있다고 외치지만 그들은 사자의 소리를 들을 수 없고 사자의 모습을 볼 수 없다.

문득 빛 한가운데에서 천 개의 천둥이 동시에 울리는 듯한 소리가 들린다. 이는 자신의 참 자아에서 나오는 소리다. 그러나 진리의 빛과 소리를 알아채지 못하면 사자는 대부분의 사람들처럼 49일을 사후세계에서 보내야 한다.

눈앞에 보이는 모습은 모두 빛의 몸을 하고 있다. 짙은 푸른색으로 발하는 빛과 흰색으로 발하는 빛은 진리의 세계에서 나오는 붓다와 지혜의 빛이다. 어두운 회색은 지옥에서 나오는 빛이다. 생전에 자주 분노하는 마음을 내면 나쁜 카르마의 힘이 쌓이고, 이 힘은 지옥으로 인도하는 회색빛을 좋아하게 만든다. 밝은 노란색, 붉은색, 초록색으로 발하는 빛이 붓다와 진리의 세계에서 나온 빛이다. 이 빛을 따라가면 영원한 행복, 영원한 자유의 길에 이른다.

어두운 붉은색은 불행한 귀신들의 세계인 아귀계로부터 나온 빛이다. 만약 생전에 강한 탐심을 내었다면 이 빛을 좋아할 것이다. 이 빛을 따라가면 갈증과 굶주림에 고통받는 세계에 태어나게 된다. 만약 생전에 질투를 자주 했다면 어두운 초록색 빛에 이끌릴 것이다. 이는 아수라의 세계에서 나오는 빛이다. 이 빛을 따라가면 전쟁, 다툼, 살육으로 고통받는 세계에 태어난다. 또 어두운 푸른색 빛에 이끌린다면 동물의 세계에 떨어져 수많은 고통을 겪게 된다.

열두 번째 날부터 열여덟 번째 날

이제 머리가 셋이며 여섯 개의 손과 네 개의 다리를 가진 분노의 신이 나타난다. 몸에서 화염을 내뿜고 눈을 부릅뜬 채 사자를 노려볼 것이다. 해골 그릇과 도끼를 들고 피로 가득한 붉은 조개껍질 그릇을 마시는 신, 오른손에 인간의 시체를 들고 왼손에 피가 가득한 해골 그릇을 든 신, 오른손에 창자를 들고 왼손으로는 그것을 입에 집어넣고 있는 신, 시체에서 머리를 떼어내 먹고 있는 신도 나타날 것이다. 그리고 또 다른 분노의 신이 윗니로 아랫입술을 깨물고 나타난다. 두 눈을 수정알처럼 번뜩이고 손에는 사자의 카르마가 기록된 판을 들고 "매우 쳐라! 죽여라!" 하고 고함을 칠 것이다.

그러나 사자의 몸은 카르마의 성향만을 지닌 정신체이기 때문에 베이거나 잘려도 죽지 않는다. 공포스러운 형상은 모두 사자의 마음에서 나타난 환영이다. 지금 이 신들의 실체를 알아차리지 못하면 곧 겁에 질려 정신을 잃게 된다.

환생의 길을 찾는 세 번째 사후세계(시드파 바르도)

열아홉 번째 날부터 마흔아홉 번째 날

두 번째 사후세계에서는 진리를 잘 알거나 착한 카르마를 쌓은 이들만이 영원한 자유에 이를 수 있었다. 그러나 생전에 악한 카르마를 쌓거나 진리에 어두운 자는 세 번째 사후세계로 내려와 방황한다.

만일 사자가 천상계의 신으로 태어나려 하면 천상세계의 환영이 나타나고, 인간계, 아수라계, 축생계, 아귀계, 지옥에 태어나려고 하면 그곳의 환영이 앞에 나타날 것이다. 이때 나타나는 환영을 따라가서는 안 된다. 만약 환영을 따라가면 윤회의 세계에 떨어져 방황하며 고통을 겪게 된다.

사자는 지금 모든 감각 기능을 온전히 가지고 있다. 생전에 불구였을지라도 사후세계에서는 모든 감각기관이 회복된다. 사후세계에서의 몸은 마음이다. 그러므로 바위, 산, 흙, 집까지 거침없이 통과할 수 있다. 모체의 자궁을 제외한 모든 것을 통과한다.

육체를 떠나 사후세계의 몸을 가진 자는 인간 세상에서 자신이 익숙하던 장소와 가족을 마치 꿈속에서 보듯이 보게 된다. 그들은 사자의 제사를 올리며 운다. 사자가 "나 여기 있으니 울지 마시오"라고 말해도 아무도 그 소리를 듣지 못한다.

잠시 후 고통스럽고 견디기 힘든 사나운 바람이 뒤에서 앞으로 사자를 내몬다. 온갖 귀신과 맹수가 쫓아오고 눈, 비, 세찬 돌풍이 번갈아 나타난다. 이는 모두 생전에 지은 카르마가 만들어내는 형상이다.

간혹 다리 위나 절, 탑 옆에서 잠시 휴식을 취할 수 있지만 오래 머물지는 못한다. 종종 의식이 흐려지고 시간이 금방 지나간다. 사후세계에서는 친구도 없다. 이때의 모든 괴로움은 생전에 쌓은 카르마에 달려 있다.

잠시 뒤 선한 수호신이 와서 생전에 행한 선행을 하나하나 헤아리고, 동시에 악한 신이 와서 생전에 행한 악행을 하나하나 헤아릴 것이다. 만약 겁에 질려 "나는 어떤 악행도 저지르지 않았습니다!" 하고 거짓말을 하면 카르마의 거울이 진실을 비춘다. 분노한 죽음의 왕은 사자의 목을 밧줄에 걸어 끌고 다니며 심장을 도려내고 피를 마실 것이다. 그러나 사자는 죽을 수 없다. 몸이 마음으로 이루어졌기 때문이다. 모든 것은 환상이다.

정신을 잃었다가 다시 깨어나면 여러 색깔의 빛이 주위를 비출 것이다. 어두운 흰색은 천상계에서 오는 빛이고, 어두운 초록색은 거인신들이 사는 아수라계의 빛이다. 어두운 노란색은 인간 세상에서 오는 빛이고, 어두운 푸른색은 동물계에서 오는 빛이며, 어두운 붉은색은 불행한 귀신이 사는 아귀계의 빛이고, 회색은 지옥계에서 오는 빛이다. 이때 사자의 몸은 카르마의 힘에 의해 장차 태어날 장소와 닮은 빛을 띤다.

진리에 대한 믿음과 명상의 힘이 약한 자는 사후세계의 환영에 압도당해 자궁의 입구를 찾아 방황하게 된다. 만약 자궁문이 닫히면 영원한 자유에 이를 테지만, 대부분의 이들은 자궁문을 닫지 못하고 결국 자궁문을 선택해 들어가게 된다. 그리고 이제 곧 사자가 태어날 장소의 징조와 특징이 나타난다. 천상에 태어날 운명이라면 보석으로 치장된 사원이나 저택이 보이고, 아수라계에 태어날 운명이라면 멋진 숲이나 서로 반대 방향으로 원을 그리며 회전하는 불꽃이 보인다. 만일 짐승들 사이에 태어날 운명이라면 바위굴과 안개가 나타나고, 아귀계에 태어날 운명이라면 나무 한 그루 없는 황량한 평원과 낮은 동굴과 밀림 사이의 빈터, 폐허가 된 숲이 보인다. 만일 지옥으로 태어날 운명이라면 울부짖는 노래 소리와 함께 음침한 대지와 흑백의 건물, 땅 위에 난 검은 구멍, 그리고 검은 길이 나타난다.

짧게 요약했지만 《티베트 사자의 서》의 분량은 꽤 많습니다. 그러나 책에서 다루는 내용은 크게 두 가지를 벗어나지 않습니다. 첫째는 죽음 이후 인간이 체험하게 될 내용에 대한 안내이며, 둘째는 사자에 대한 인도입니다. 사실 《티베트 사자의 서》는 본래 독서를 위한 일반적인 서적이 아닙니다. 이 책은 49일 동안 종교적 의례를 치르면서 사자를 위해 읽는 의례집입니다. 그렇다면 이 책은 대체 살아 있는 우리에게 어떤 의미이기에 그렇게 큰 인기를 얻었을까요?

책에서는 사자가 겪게 될 공포를 묘사하거나 내생에 태어날 불행한 장소를 설명한 뒤 살아 있을 때 선행을 하거나 명상을 닦거나 진리를 추구한 자는 그것이 환영임을 알아챌 힘이 있다고 거듭해서 말합니다. 여기서 우리가 주목해야 할 것은 '살아 있을 때'라는 표현입니다.

모든 일의 결과가 우연이나 행운에서 비롯되지만은 않습니다. 반드시 그 일이 벌어지기 전의 '시작'과 '과정'이 있고, 그 흐름이 이어져 결과를 만들어냅니다. 《티베트 사자의 서》에 따르면 생전에 타인에게 피해를 입히는 행위를 한 사람들은 사후에 좋은 세계로 갈 수 있는 운을 얻지 못합니다. 사후 대자유에 이르거나 좋은 곳에 태어난다는 결과에 이르기 위한 전제조건은 생전의 선행, 명상, 진리에 대한 탐구입니다. 《티베트 사자의 서》는 결국 사자를 위한 책이면서도 우리가 '살아 있을 때' 하는 행위가 소중함을 알리는 경종인 셈입니다.

불교 경전에서는 죽음을 맞이하는 순간에 갖는 마지막 생각이 다음 생을 결정한다고 합니다. 사실 지독한 고통이 온몸을 지배하는 순간, 마음먹은 대로 생각하기란 쉽지 않습니다. 그래서 준비가 필요합니다. 축구나 육상경기처럼 강인한 체력을 요구하는 스포츠를 떠올려봅시다. 운동선수가 마지막 한계에 다다른 순간에 자신도 모르게 뽑아내는 힘은 바로 경기에 참여하기 '전'의 훈련에서 나옵니다. 죽음을 맞이할 때 할 수 있는 생각 또한 마찬가지입니다. 죽음에 다다르기 '전' 삶에서의 노력과 경험이 죽음의 고통 속에서도 강렬한 의지를 만들어낼 수 있습니다.

물론 단순히 다음 생에 좋은 곳에 태어나기 위해 좋은 일을 해야 한다는 것이 《티베트 사자의 서》가 말하는 참 의미는 아닙니다. 다음 생이 있고 없고를 떠나, 우리는 모두 예외 없이 죽습니다. 이 것은 지극한 사실입니다. 우리가 모두 맞이할 죽음이 끝이라면, 도대체 우리는 이 과정, 즉 살아 있을 때의 순간을 어떤 내용으로 채우고 있는지 묻지 않을 수 없습니다.

마음 내키는 대로 살아온 사람과 이번 생에 후회를 남기지 않으 려 노력한 사람의 마지막 모습과 마지막 생각은 분명 똑같지 않 을 것입니다. 후회 없는 죽음, 인간다운 죽음, 편안한 죽음이라 는 끝을 맞이하기 위해서는 하나의 과정, 바로 우리가 '살아 있을 때 지금 하는 행동'의 선함이 뒷받침되어야 합니다. 모든 일의 결 과와 원인은 마치 시작과 끝을 선으로 연결한 것과 같습니다. 태 어남이라는 시작점에서 출발해 죽음이라는 끝점을 온전하게 연 결하기 위해서는 탄생과 죽음을 잇는 '살아 있는 지금'이라는 '선' 이 필요합니다. '오늘 하루'라는 '선' 위에서 우리는 우리가 맞이할 '마지막 날'을 만들어가고 있는 것입니다. 죽음을 맞이하는 준비 는 분명히 오늘 우리의 삶을 더욱 의미 있게 만들어줄 것입니다.

삶의 의미는 어디에 있을까

1942년 어느 날, 빅터 프랭클Victor Frankl(1905~1997)은 오스트리아 점령군에 의해 예고도 없이 강제로 기차에 태워졌습니다. 인근 마을 사람들과 함께였습니다. 컴컴한 차량 한 칸에 금세 사람들이 발 디딜 틈 없이 채워졌습니다. 빽빽하게 들어찬 사람들로 가려진 창문 위쪽으로 어스름한 잿빛 새벽빛이 겨우 새어 들어왔습니다. 목적지도 모른 채 몇 시간 동안 앉지도 못하고 꼼짝없이 서서 이리저리 기차의 움직임에 몸을 맡길 뿐이었습니다. 몇 시간이나 지났을까요. 드디어 기차가 덜컹거리면서 속도를 줄이고 선로 밖으로 빠져 목적지에 진입했습니다. 저 멀리 낡은 팻말 위에 적힌 역 이름이 희미하게 보였습니다. '아우슈비츠'였죠.

기차 문이 열리자 총을 멘 군인들이 고함을 치며 대형을 만들도록 지시했습니다. 마르고 키가 커서 군복이 잘 어울려 보이는 한 장교가 끌려온 사람들을 살펴보며 손가락으로 왼쪽과 오른쪽을 번갈아 가리켰습니다. 사람들은 그 움직임에 맞춰 각기 다른 방향으로 이동했습니다. 프랭클의 차례가 되자 장교는 그를 면밀히 살폈습니다. 프랭클은 손가락의 움직임을 주시했고 장교가 가리키는 오른쪽으로 향했습니다. 프랭클은 군인들의 눈을 피해 수용소 생활을 한 지 좀 되어 보이는 수감자에게 자신과 함께 온 사람들이 어느 쪽으로 갔냐고 물어보았습니다. 그러자 그는 왼쪽으로 갔다고 말하면서, 이어 위쪽 하늘을 가리켰습니다. "아마 저기로 가고 있을 거요. 하늘 위로." 수감자가 가리키는 곳은 굴뚝이었는데 희뿌연 연기구름이 피어오르고 있었습니다. 이후에 알게 된 사실에 따르면, 수용소에 함께 온 사람들 중 90퍼센트가 왼쪽 '목욕탕'으로 향했는데, 목욕탕은 화장터를 의미했지요.

빅터 프랭클은 정신과 의사였습니다. 그는 매 순간 죽음이 고개를 쳐드는 수용소의 극한 상황을 수년간 견디면서 살아남았고 몸소 겪은 체험을 온전히 녹여 '로고테라피logotherapy'라는 새로운 정신치료법을 창안했습니다. 로고테라피에서 로고는 '의미'를 뜻합니다. 프랭클은 현존했던 지옥, 즉 아우슈비츠의 구덩이에서 인간의 삶에 중요한 무언가가 바로 '삶의 의미'임을 캐냈던 것입니다. 1959년에 그는 자신의 체험과 로고테라피 방법이 담긴《죽음의 수용소에서Man's Search for Meaning》를 출간했습니다. 프랭클이 죽고 난 이후 지금까지도 로고테라피는 정신질환으로 인해 고통받는 수많은 이들을 치유하는 치료법으로 널리 활용되고 있으며 그의 사상은 여전히 심리학계와 정신치료학계에 지대한 영향을 미치고 있습니다.

만약 우리에게 죽음이 코앞까지 닥친다면, 그 순간에 떠오르는 무언가가 있을까요. 프랭클의 말에 따르면 죽음을 앞에 두고 떠오르는 것이 바로 삶의 의미입니다. 프랭클은 삶의 의미에 세 가지가 있다고 말합니다. 첫 번째는 창조와 관련된 것으로, 책이나 그림 같은 예술작품을 만들거나 어떤 이론을 고안하는 것입니다. 두 번째는 부모, 자식, 친구 등 사랑하는 이들입니다. 마지막 세 번째는 고난과 마주했을 때 그것을 극복하려는 의지입니다.

그렇다면 지금 여러분에게 삶의 의미, 다시 말해 살아가는 이유는 무엇인가요. 왜 우리는 이토록 지루하고도 힘든 하루하루를 견뎌내며 살아가고 있을까요. 무엇이 우리에게 무수한 고난과 시름을 견디게 하는 힘을 줄까요. 어떤 직장인이 아침밥 한술 제대

나의 첫 죽음학 수업

로 못 뜨고 헐레벌떡 뛰어가서 만원 지하철에 비집고 들어가 갑갑하고 더운 출근길을 몇 시간 동안 견디고, 또 정신없이 책상에 앉아서 쏟아지는 업무와 스트레스를 감내하고, 일과를 마치고 쓰린 속을 쓴 소주 한잔으로 식히는 의미는 무엇일까요. 어떤 고시생이 아침부터 밤까지 학원에서 한 자세로 앉아 수업을 듣고 비좁은 쪽방에 돌아와 소리 없이 오열하면서도 1년에 한 번 있는 시험을 치르기 위해 매일 반복되는 지루한 싸움을 하는 의미는 무엇일까요.

어느 여름날, 저는 이모부의 갑작스러운 사고 소식을 전해 들었습니다. 지하철역 화장실에서 볼일을 보다 뇌출혈이 일어났는데, 정신을 잃고 넘어지면서 머리를 다쳐 뇌사 판정을 받았다고 했습니다. 이모부는 이모를 일찍 하늘로 보냈고 학원에서 사무직 일을 하다가 해고당한 뒤로 하나 있는 아들을 위해 날품팔이 일을 전전했습니다. 일과를 끝낸 뒤에 찾는 위로라고는 오로지 막걸리 한 잔이었습니다. 엎친 데 덮친 격으로 이모부는 고혈압을 앓았는데 가계 형편이 좋지 않아 건강보험 자격이 일찌감치 박탈된 상태였고, 약을 수년간 먹지 않아 지병이 더욱 악화되었습니다.

가족들은 협의 끝에 이모부의 연명치료를 중단하기로 결정했고 며칠 뒤 장례를 치렀습니다. 이모부가 돌아가시기 3개월 전 가족이 다 함께 저녁 식사를 할 때 보았던 모습이 제 기억 속 마지막 장면이었습니다. 그때를 떠올리면 아직도 이모부의 표정이 손에 잡힐 듯 선명합니다. 이모부는 술을 마실 땐 늘 토끼처럼 눈을 동그랗게 뜨고 꿀꺽하는 커다란 소리와 함께 목 뒤로 한 모금을 넘겼는데, 그러면 눈썹과 귀 사이로 굵은 실핏줄이 또렷이 드러났습니다.

장례를 치른 뒤 알아보니 이모부는 돌아가시기 몇 개월 전부터 아침, 점심, 저녁 거르지 않고 막걸리를 마셨다고 했습니다. 이모의 죽음을 견딜 수 없었던 걸까요, 아니면 잘 다니던 직장에서 해고된 게 원인이었을까요. 하나 남은 아들을 위해 돈이라도 많이 벌어야 하는데, 그게 잘 안 되었기 때문일까요. 정확한 이유를 콕 집어 말할 순 없겠지만, 어쨌든 그때의 이모부는 삶의 의지를 버린, 체념한 인간의 전형적인 모습이었습니다.

체념의 사전적 의미는 '희망을 버린 것'입니다. 체념에서 '념念'은 생각을 뜻합니다. 그런 의미에서 보자면 체념은 희망뿐 아니라, 앞으로의 삶에 대한 의지, 계획 등 미래에 연관된 모든 생각을 끊어버린 상태입니다. 빅터 프랭클이 수용소에서 관찰한 '체념 상태'에는 일종의 공식이 있었습니다. 수용소에서 체념한 이들은 아침 5시에 잠자리에서 일어나거나 밖으로 일하러 가기를 거부하고, 그대로 막사에 남아 똥오줌에 절어 있는 짚더미에 누워 있기를 고집했습니다. 어떤 것도 그들의 마음을 바꿀 수 없었습니다. 경고도 협박도 소용이 없었지요. 그 대신 아무도 몰래 주머니 깊숙이 감추어두었던 담배 한 개비를 꺼내 들고 피우기 시작했습니다. 바로 그 순간에 프랭클과 동료들은 그가 앞으로 48시간 안에 죽을 것이라고 예측했습니다. 삶의 의미를 놓치지 않으려는 의지가 사라지고, 그 빈자리를 순간적인 쾌락 추구가 대신하고 있었으니까요.

삶의 고난을 마주했을 때 주저앉느냐 이겨내느냐는 온전히 개인의 의지와 선택에 달려 있습니다. 죽음에 처한 상황에서도 마찬가지입니다. 말기 암 판정을 받은 시한부 환자는 대개 밤이든 낮이든 시시각각 찾아오는 지독한 고통에 시달립니다. 살기 위해 억지로 씹어 삼킨 음식은 도리어 배가 찢어지는 듯한 복통을 만들어낼 뿐입니다. 가까운 곳으로 여행을 떠나거나 가족이나 벗과 술 한잔하는 건 꿈에서나 가능한 일이지요. 할 수 있는 것이라곤 좀체 뜻대로 움직이지 않는 손으로 내게 남아 있는 날을 세어보는 일, 창밖으로 보이는 나뭇가지에 빨갛게 물든 낙엽이 위태하게 매달려 있는 모습에 나를 투영하는 일뿐인 것만 같습니다.

그러나 빅터 프랭클은 삶이 도저히 벗어날 수 없는 암흑 속에 묶여 있더라도, 남은 삶이 얼마 되지 않더라도, 육신이 망가져 병상에서조차 혼자 몸을 누이지 못하더라도, 그 어떤 상황에 처해 있더라도 숨이 멎기 전까지 인간에게는 마지막 남은 하나의 자유가 있다고 말합니다. 그것은 바로 '의지의 자유'입니다.

혹독했던 아우슈비츠에서도, 물론 극소수였지만, 타인을 위로하거나 마지막 남은 빵을 나누어 주던 사람들이 있었습니다. 빵 한 조각과 희멀건 수프뿐인 배식에 몸이 바짝 말라가도, 하루에도 몇 번씩 순식간에 가스실로 끌려가 처형당하는 동료들을 목격하면서도, '체념'하지 않고 굳건히 생명을 이어가는 자들이 있었습니다. 매일이 지옥과도 같던 수용소에서도 자신이 살아가야 할 이유를 끊임없이 되뇌며 포기하지 않았던 이들은 결국에는 살아남아 굳게 닫혀 있던 수용소 정문이 열리는 모습을 보고야 말았습니다.

프랭클은 인간에게 모든 것을 빼앗아갈 수 있어도 단 한 가지, 마지막 남은 인간의 자유, 즉 그가 처한 환경에서 자신의 태도를 결정하고, 자신의 길을 선택할 자유, 바로 자신의 '의지'만은 빼앗아 갈 수 없다는 사실을 온몸으로 깨달았습니다. 수용소 수감자들은 상상조차 할 수 없는 수면 부족, 식량 부족, 폭력과 죽음 등 다양한 스트레스 환경에 놓여 있었지만, 그 수감자가 어떤 종류의 사람이 되는지 결정하는 건 수용소라는 환경이 아니라 결국은 개인의 의지에 따른 선택이었습니다. 누구에게나, 어떤 상황에서든, 자신이 어떤 사람이 될지 선택할 자유가 있었다는 뜻입니다.

삶의 의미는 희망과 연결되어 있고 희망은 미래에 있습니다. 하지만 지금 아무리 노력해도 도저히 늘어만 가는 은행 빚을 갚을 방법이 보이지 않을 때, 혹은 비좁은 쪽방에 틀어박혀 무기력과 씨름하는 나날이 무의미하다고 느껴질 때, 병동에 누워 정말로 자신의 삶은 곧 끝나리라고 실감하고 있을 때는 과거로 시선을 돌리는 경우가 많습니다. 앞날이 보이지 않는 사람들은 곧잘 과거를 회상하는 데 몰두합니다. 희망 없이 고통으로만 가득 찬 현재를 지워버리기 위해서죠. 이들에게 현재의 인생은 아무런 의미가 없으며, 따라서 순간적인 쾌락만 추구하게 됩니다.

중요한 것은 '비극 속에서의 낙관'입니다. 프랭클은 수용소 생활의 괴로움이 절정에 달했을 때 자신에게 주어진 시련을 있는 그

대로 대면했습니다. 결코 상상 속에서 과거를 되짚으며 아름다운 추억을 곱씹지 않았습니다. 그런데 그가 더 이상 시련으로부터 등 돌리지 않고 그것을 있는 그대로 껴안아버리자 그 속에 어떤 기회가 숨어 있다는 사실이 느껴졌습니다. 더불어 시련이 삶의 참 의미를 비춰주는 역할을 한다는 사실도 함께요. 그는 이렇게 말합니다.

> "삶의 고난, 죽음과 같은 시련 없이 인간의 삶은 완성될 수 없다. 자기보존을 위한 치열한 싸움에서 인간의 존엄성을 잃고 동물과 같은 존재가 될 수도 있지만 고난을 인생의 선물로 받아들일지 말지 선택하는 권리는 인간에게 주어져 있다."

때로는 죽음과 죽음 이후의 무엇마저 인간의 선택입니다. 그러니 최후의 순간까지 고난 앞에서 스스로를 무너뜨려서는 안 됩니다.

이모부는 회사에서 해고되고 난 뒤 10년 넘게 단칸방에서 하나 있는 자식과 여생을 보냈고, 말년에는 술에 의지해 삶을 보내다가 차가운 지하철역 화장실에서 쓰러져 뇌사상태가 되었습니다. 그러나 이모부는 죽기 전에 얼굴도 모르고 살았던 4명의 이웃에게 새 생명을 나누어 주고 먼 여정을 떠났습니다. 가족과 협의하에 장기기증을 하기로 선택했기 때문입니다.

프랭클의 말처럼, 우리 삶의 최종적인 의미도 결국은 임종의 순간에 드러납니다. 우리가 현재 어떤 상황에 놓여 있는지는 중요하지 않습니다. 지금 당장 산더미 같은 빚덩어리에 짓눌려 있든, 열 번째 응시했던 시험에 떨어졌든, 잘될 거라고 상상했던 인생이 엉망진창으로 흘러왔든, 아무도 알아주지 않는 세상에서 나만 혼자 외롭다고 느끼든, 프랭클의 말에 따르면 결국 한 인간에 대한 최종적인 평가는 최후에 드러납니다. 혹독한 삶의 현장에서도 잃지 않은 우리의 '의지'와 함께 말입니다.

죽음이란 이름의 스승에게

체감온도라는 말이 있습니다. 추운 겨울날 외출하기 전에 날씨를 확인하니 영하 5도입니다. 좀 춥겠거니 하고는 집을 나섭니다. 그런데 막상 밖에 나가 날씨를 '체감體感'해보니 영하 10도를 밑도는 것만 같습니다. 매서운 바람과 볕이 들지 않는 그늘이 있기에 피부로 실감하는 온도는 크게 다릅니다. 체감온도는 생각과 체험에 큰 간극이 있음을 상징하는 단어 가운데 하나입니다.

'죽음의 체감' 또한 체감온도와 비슷할 것입니다. 평소에 '사람은 누구나 죽는다'라는 말을 보고도 무심히 지나칠 뿐이지만, 내가 사랑하는 이를 떠나보내면 그제야 죽음을 체감하게 됩니다. 그러나 사랑하는 사람이 떠났다는 사실을 실감하는 순간은 장례식장

보다는 3일간의 장례가 끝난 뒤 찾아옵니다. 정신 차릴 새도 없이 손님을 맞으며 슬픔을 억눌렀던 3일간의 장례를 마치고 집에 왔을 때 떠나간 사람의 빈자리가 새삼 실감 나는 것이죠. 매일의 삶에서 그가 있었던 자리에 더 이상 그가 존재할 수 없다는 사실을 느낄 때 우리는 죽음을 체감합니다.

알베르 카뮈Albert Camus는 "경험은 만들어낼 수 없다. 반드시 겪어야만 한다"라고 말했습니다. 당해보기 전엔 알 수 없는 것. 죽음도 그런 것일까요. 우리가 사랑하는 이를 잃기 전까지는, 자신이 죽음에 이르기 전까지는 죽음을 말하지 말아야 할까요. 우리가 죽음을 알고 경험할 방법은 직접 죽거나, 사랑하는 사람을 떠나보내는 것밖에는 없을까요. 그런데 도대체 죽음을 경험한다는 것은 무엇일까요.

스티브 잡스Steve Jobs는 스탠퍼드대학교 졸업식 연설에서 인상적인 말을 남겼습니다.

"제가 열일곱 살 때 이런 문장을 본 적 있습니다. '하루하루를 인생의 마지막 날처럼 산다면, 언젠가는 올바른 길에 서 있을 것이다.' 저는 큰 감명을 받았고 이 구절을 마음에 새기며 매일 아침

거울 속 자신에게 이렇게 물었습니다. '오늘이 내 인생의 마지막 날이라면 나는 오늘 내가 하려던 일을 할까?' 인생의 중요한 순간마다 '나는 머지않아 죽을 것이다'란 사실을 떠올리는 건 저에게 정말 중요한 도구였습니다."

잡스는 애플의 창업주이며 스마트폰 시대를 연 선구자입니다. 그는 애플을 설립한 뒤 최초의 개인용 PC를 개발해 널리 보급하며 거대한 성공 신화를 썼지요. 그러나 몇 년 뒤 제품 판매 부진 탓에 10년도 채 안 되어 자신이 만든 회사에서 쫓겨났습니다. 누구든 무너질 법하건만 잡스는 달랐습니다. 실패에 좌절하지 않고 작은 컴퓨터 그래픽 회사를 인수해서 픽사Pixar를 설립했고 세계 최초의 3D 애니메이션 〈토이스토리Toy Story〉를 만들어 큰 성공을 거두었습니다. 재기에 성공한 잡스는 다시 애플의 최고경영자로 복귀했습니다. 2007년, 잡스는 손 안의 컴퓨터이자 최초의 보급형 스마트폰 아이폰을 개발해 출시했습니다. 우리가 모두 알다시피 적자를 거듭하던 애플은 잡스의 복귀 이후 세계 최고의 기업으로 우뚝 섰습니다.

스마트폰은 21세기의 모든 산업 분야를 혁신했습니다. 대변혁의 시작은 잡스의 발명품, 아이폰이었습니다. 그러나 그런 잡스도 죽음에 관해 숙고했습니다. 잡스는 앞서의 스탠포드대 연설에서 이런 말을 하기도 했습니다.

"누구도 죽기를 원하지 않지만 죽음은 우리의 숙명입니다. 하지만 죽음은 삶이 만든 최고의 발명품입니다. 죽음은 변화를 만들어냅니다. 여러분의 시간은 한정되어 있습니다. 다른 사람의 삶을 사느라 시간을 허비하지 마십시오."

안타깝게도 잡스는 췌장암을 얻어 2011년 56세의 나이에 세상과 이별했습니다. 전 세계가 인류에게 새로운 세상을 열어준 거인의 죽음에 애도를 표했습니다. 어쩌면 잡스가 전무후무한 업적을 남긴 힘의 원천은 바로 그가 평소 죽음을 가까이했다는 사실에 있을지도 모르겠습니다. 죽음은 그를 움직인 동력이었습니다. 그렇다면 죽음에 다다른 막바지가 아니라 평소 일상에서 자신의 죽음을 떠올리는 것이 우리에게도 도움이 될까요? 죽음을 생각하며 살아갈 힘을 얻었던 건 오직 잡스만이 가졌던 특별한 능력이었을까요?

5세기경 실론Ceylon(현 스리랑카)의 위대한 성인이었던 붓다고사Buddhaghoṣa는《청정도론》을 썼습니다. 이 책은 죽음에 대한 사색이 우리에게 유익한 결과를 가져다줄 것이라 말합니다.

> "죽음을 사색하는 자는 깨어 있는 의식을 가지게 될 것이며 내면
> 의 방일함(게으름)은 제거될 것이다. 그는 탐욕을 불러일으키는
> 대상을 싫어하게 될 것이다."
> "죽음에 대한 성찰은 선악을 명확히 구분하는 능력을 주며, 재물
> 에 집착하는 마음을 버리게 한다."
> "평소 죽음을 사색하지 않은 자는 죽을 때 두려움과 공포에 사로
> 잡힐 것이다. 그러나 죽음을 사색한 자는 두려움이나 공포 없이
> 죽음을 맞이할 것이다."

흥미롭게도 현대의 공포 관리 이론이 실험을 통해 입증한 내용
또한 5세기에 쓰여진 《청정도론》에서 말하는 것과 유사합니다
(공포 관리 이론은 인간이 죽음을 생각했을 때 일어나는 심리를 탐구하
는 학문, 일종의 죽음심리학입니다). 이를테면 《청정도론》에서는 죽
음을 사색하는 것이 의식을 깨어 있게 하며 방일한 태도(나태하고
무기력한 상태)를 제거한다고 말합니다. 이와 관련해 공포 관리 이
론에서는 자신의 죽음을 떠올린 사람은 '제한적 시간관limited-time
perspective'을 갖게 되며 내 삶에서 남은 시간이 정해졌다는 사실을
각성할 수 있다고 말합니다. 삶이라는 시간이 한정되어 있음을

알아차리면서 게으름이 조금씩 사라지는 것이지요.

또한 《청정도론》에서는 죽음을 사색하면 탐욕을 불러일으키는 대상을 싫어하게 된다고 말합니다. 여기서 탐욕을 불러일으키는 대상이란 돈, 외모, 인기 같은 삶의 외적인 요소입니다. 공포 관리 이론은 실험을 통해 이를 증명했습니다. 실험 참가자들은 삶의 외적인 요소와 내적인 요소의 중요성을 평가한 뒤 죽음과 고통에 대한 질문지를 작성했습니다. 질문지를 작성하며 죽음에 대해 생각한 참가자들은 삶의 의미, 가족, 사랑, 평화, 행복 등 내면적 요소를 우선순위로 두었습니다.

"죽음에 대한 성찰은 재물에 집착하는 마음을 버리게 한다"라는 《청정도론》의 말 역시 공포 관리 이론의 '스크루지 효과scrooge effect'와 비슷합니다. '스크루지'는 모두 알다시피 찰스 디킨스Charles Dickens의 소설 《크리스마스 캐럴》에 나오는 주인공 이름입니다. 스크루지는 지독한 구두쇠로 타인에게 동전 한 푼 베푼 적이 없었습니다. 그런데 어느 날 꿈속에서 유령을 만나고, 그 유령을 통해 자신이 죽고 난 뒤의 상황을 보게 됩니다. 자신의 죽음을 슬퍼하는 사람은 없었고 오직 비난과 조롱만 난무했습니다. 꿈에서 깬 스크루지는 자신의 죽음을 자각해 이전과는 완전히 다른 삶을

나의 첫 죽음학 수업

삽니다. 많은 이들에게 가진 것을 베풀기 시작했고 외면했던 사람들과 가까이 지냈습니다. '스크루지 효과'라는 용어는 이 소설에서 연유했습니다.

실제로 공포 관리 이론에서는 죽음을 가까이하는 것이 기부에 대한 관심을 증가시켰음을 실험으로 증명했습니다. 실험에서는 장례식장과 평범한 거리, 이 두 곳의 장소를 정해 자선행에 관한 인터뷰를 실시했습니다. 조사 결과 장례식장에서 인터뷰한 참가자들이 거리에서 인터뷰한 사람들보다 자선행에 더 많은 관심을 보였습니다.

1,500년 전의 책인 《청정도론》에서 말하는 내용이 현대의 공포 관리 이론과 여러모로 비슷하다는 점은 참으로 흥미롭습니다. 그러고 보면 죽음학의 선구자 엘리자베스 퀴블러 로스도 이와 비슷한 맥락에서 죽음을 바라봅니다. 그녀는 죽음이 '우리가 성장할 수 있는 마지막 기회'라고 말합니다. 다시 말해 삶의 끝자락에 서 있는 죽음은 고통이나 막다른 길이 아니라 우리를 성장시키는 스승이라는 것입니다.

　"죽음은 삶의 최후에서만 체험하는 것이 아니다. 우리가 삶에서 자주 경험하는 것이다. 직장을 잃거나, 이혼하거나, 사업에 실패하거나, 이사하거나, 졸업하는 등 삶에서 일어나는 큰 변화 속에서 우리는 죽음과 같은 경험을 한다. 삶의 변화란 인간이 살아가면서 겪는 정상적인 일이다. 우리가 만약 죽음을 직시하고 이해할 수 있으면 인생에서 일어나는 큰 변화나 괴로움을 잘 받아들이고 대처해나갈 수 있다."

—《죽음: 성장의 마지막 단계Death: The Final Stage of Growth》

변화나 괴로움이 오는 것을 막을 길은 없습니다. 그러나 그것을 받아들이는 자세는 우리가 선택할 수 있습니다. 삶의 고난에 직면해 세상과 사람에게 마음을 연 '개방'적 상태에 자신을 두고, 자신에게 닥친 고통 속에서도 누군가의 말에 귀 기울이고 힘든 이에게 손을 내밀 수 있습니다. 바로 이러한 상태에서 죽음과 삶의 고난에 맞닥뜨린 사람은 그 자신을 '성장'으로 이끌어갑니다. 퀴블러 로스의 말처럼, 우리는 애벌레가 번데기가 되고 나비가 되듯이 고난과 시련 속에서 끊임없이 죽고 거듭 태어나야 합니다.

죽음은 우리를 부나 성공 같은 외적인 것과 관계없이 삶을 풍요롭게 해주는 스승입니다. 죽음을 가까이하면 인생의 중요한 가치를 각성할 계기를 얻을 수 있습니다. 다른 한편으로 죽음을 생각

한다는 것에는 죽음을 '대비'하는 측면도 있습니다. 사실 죽음을 미리 떠올리는 것은 전쟁에 대비하는 모의 훈련과 비슷합니다. 실제로 매서운 바람이 부는 겨울 거리로 나가보기 전까지는 밖이 얼마나 추울지 상상하기 힘듭니다. 아마도 죽음을 미리 가까이하는 것과 실제로 죽음을 겪는 것에는 큰 차이가 있을 것입니다. 그러나 '참전과 훈련'이란 말의 차이를 떠올려보면 살아 있을 때 죽음을 가까이하는 게 전혀 의미 없는 일은 아닙니다.

전쟁을 치르기 전에는 '훈련'을 합니다. 훈련 상황은 실제 전쟁에 돌입했을 때보다는 실감이 덜합니다. 또 실제로 전쟁을 겪어본 사람들 눈에는 훈련한답시고 입만 떠벌리는 사람의 말이 한심해 보일 수도 있습니다. 그러나 훈련은 크든 작든 반드시 효과가 있습니다. 만약 기본적인 총기 훈련도 없이 전쟁터로 뛰어든다면 뭘 어떻게 할지 몰라 허둥거리다 허망하게 세상과 하직할 가능성이 더 많음은 불문가지不問可知입니다.

죽음을 위한 준비 또한 참전을 위한 훈련과 비슷합니다. 나의 죽음과 사랑하는 이의 죽음을 진지하게 생각하거나, 명상하거나, 글로 적어보는 등 우리가 직접 죽음을 체감하기 전 미리 죽음을 가까이하는 것은 일종의 훈련입니다. 이 훈련은 사랑하는 사람을 보낸 뒤 우리가 남은 삶을 어떻게 살아야 할지, 그들이 떠나기 전 남은 삶을 어떻게 보내야 할지를 알려줍니다. 내가 진정으로 원하는 것은 무엇인지, 내가 죽음 속으로 걸어 들어갈 때 어떤 마음을 가져야 할지도 알 수 있습니다.

그리고 실제 죽음에 다다르는 순간, 우리는 죽음을 체감하면서 우리가 살아오며 했던 걱정, 우리가 막연히 쫓아왔던 목표가 그리 중요하지 않았음을 실감할 것입니다. 또 우리 곁에 있던 사람들이 얼마나 고마운 존재였는지 깨달을 수도 있지요. 뒤늦기 전에 우리는 스승으로부터 가르침을 얻어야 합니다. 죽음이란 이름의 스승에게서 말입니다.

빛과 그림자의 시간

세상에는 우리 힘으로 어찌해볼 수 없는 일이 참 많습니다. 그중 어떤 일은 우리도 모르는 사이에 내면에 각인되어 깊숙이 자리 잡고, 어떤 일은 크나큰 시련을 주는 동시에 서서히 잊혀지며, 또 어떤 일은 비관이 지배하는 나날 속에서 그래도 미래에 대한 자그마한 희망을 안겨주기도 하는 듯합니다.

이 책을 쓰는 동안에도 제법 많은 일이 있었습니다. 처음 출판사와 함께 원고를 기획하고 초고를 집필하는 기간에는 연구원으로 생계를 잇고 있었는데, 그로부터 얼마 지나지 않아 조금은 갑작스럽게 임기가 끝나버렸습니다. 어쩔 수 없이 강의 몇 개만으로 여러 대학 강의실을 전전하는 신세가 되었고, 엎친 데 덮친 격으로 전 세계에 코로나19 바이러스가 창궐했습니다. 이곳저곳 열심히 이력서를 넣어보았지만 번번이 쓴잔을 맛볼 수밖에 없었습니다. 저를 믿고 바라보는 가족 앞에서 차마 고개를 들기 어려웠습니다. 막막하고 암담했습니다.

저는 대학원 기간을 포함해 15년 가까이 죽음에 대해 공부하고 가르쳐왔습니다. 죽음을 자주 떠올리면 인생의 외적인 조건은 생각보다 중요하지 않음을 깨달을 수 있으며 오히려 삶의 순간순간이 소중하다는 사실을 알아차려야 한다고 제 글과 말을 통해 줄곧 강조해왔죠. 그런데 막상 끝을 알 수 없는 컴컴한 터널 속에서 길을 잃자 어느 순간 미래에 대한 두려움이 왈칵 몰려들었습니다. 스스로에 대한 믿음은 갈수록 힘을 잃고 그저 제 자신과 세상을 한탄하고만 싶었습니다. 빛 한 점 통과하지 않는 어두운 세상에 홀로 선 기분이었습니다.

암담함 속에 무기력하게 머물러 있던 어느 날, 문득 차일피일 미루고 있던 원고 작업이 떠올랐습니다. 여전히 괴로웠지만 일단 모든 걸 내려놓고 집필 작업에 몰두하자고 다시 마음먹었습니다. 그런데 이상한 일이 일어났습니다. 자판을 하나하나 누를수록 갑갑하고 우울한 감정이 조금씩 옅어졌고 화면에 각인되는 글자가 마치 저를 토닥여주기라도 하듯 마음이 편안해졌습니다. 그제야 심리학에서 말하는 죽음 현저성이 비로소 제 내면에 발현되었던 걸까요? 지금의 괴로움은 길게 보면 마땅히 딛고 일어서야 할 디딤돌 중 하나라고 저의 무의식이 말해주는 듯했습니다. 어쩌면 그때의 시간이 준 선물인지 모르지만, 감사하게도 저는 지금 대학에서 연구를 계속하며 학생들을 가르칠 수 있게 되었습니다.

참으로 잔인한 시간이 흐르고 있습니다. 코로나 팬데믹이 지속되면서 우리가 느끼는 우울의 강도는 심각한 수준으로 올라섰습니다. 일과 생계, 주거 같은 당장의 기본적인 생존 문제에 더해, 인간으로서 겪어야 할 이별과 상실 같은 인생의 필연적인 문제가 우리의 가슴을 무겁게 내리누릅니다. 막다른 곳에 서 있다고 느끼는 사람들은 종종 자신도 모르게 죽음을 떠올리기도 합니다. 자연스럽게 다가올 죽음이 아니라, 의도적으로 죽음이라는 종착역에 서둘러 뛰어들고 싶은 마음 말입니다.

혹시라도 이 세상에 철저히 나 혼자뿐이라고 느끼며 힘겹게 방황하고 있을 누군가를 떠올리며 이 책을 썼습니다. 생명과 죽음이 하나의 고리로 연결되어 있듯 우리 삶에는 분명 빛과 그림자가 함께 머물고 있다고 말해주고 싶었습니다. 어두운 그림자 같은 나날이 있으면 반드시 밝은 빛 같은 나날도 있습니다. 어쩌면 우리 삶은 빛을 찾아 나아가는 그림자와의 동행인지도 모르겠습니다. 만약 내일 내가 죽는다면 지금 나를 괴롭히는 온갖 걱정은 어떻게 될까요? 만약 사랑하는 사람이 곧 죽는다면 어떤 후회가 남을까요? 내가 내일 죽는다면 가장 아쉽고 하고 싶은 일은 무엇일까요? 우리가 평소 잊고 있던 죽음을 머릿속에 되새기고 가까이하는 것은 우리 인생의 빛과 그림자를 편견 없이 받아들이기 위한 작은 노력이자 변화의 시작입니다.

저만치에서 우리를 기다리는 죽음이 가리키고 있는 '지금 이 순간'을 충분히 느끼는 데, 그리고 언젠가 다가올 죽음을 의연히 준비하는 데, 이 책이 작은 도움이 되었으면 좋겠습니다. 막다른 길이 새로운 출발점이 될 수 있음을 깨달을 수 있으면 좋겠습니다.

책을 펴내는 데 많은 분이 도움을 주셨습니다. 이 자리를 빌려 깊은 감사의 말씀을 전합니다. 하지만 가장 감사하고 싶은 사람은 지금 이 책을 읽는 독자 여러분입니다. 여러분 모두 저마다 진 삶의 무게와 함께 '지금의 시간'을 더욱 아끼고 사랑하며 살아갈 수 있기를 간절히 기원해봅니다.

"죽음은 우리 모두의 확실한 가능성이다."

-하이데거